체질따라 먹는
웰빙
새싹채소

체질따라 먹는
웰빙
새싹채소

허봉수 지음

다문

새싹채소로 바꾸면 20년 더 산다

소중한 것을 잃어버리고서야 사람들은 그 가치를 깨닫는다. 건강이 특히 그런 것 같다. 내 몸을 만들고 오늘 나를 있게 한 것이 무엇인가? 가장 가까이에 있고 매일 반복되는 것이기에 무가치한 것인가? 병 없이 건강하게 오래 살고자 하는 욕망을 무엇으로 이룰 수 있을 것인가?

깨끗한 환경과 먹거리가 첫 번째 조건일 수밖에 없다. 그렇게 된다면 20년이 문제인가. 질병도 쉽게 이겨내고 주위 사람들에게 부담을 주지 않으면서 건강하게 천수를 누릴 수 있다. 이 책에서 독자 여러분들을 장수의 밥상으로, 가장 깨끗하고 가장 신뢰할 수 있는 먹거리의 신세계를 소개해 드리고자 한다. 여기에 소개한 방법들이 질병회복은 물론이고 지속적인 건강유지 및 증진에 도움이 될 수 있으리라 확신한다.

우리는 사실 하루하루 죽음으로 다가가고 있다. 태어나면서부터 정해진 수명을 하루씩 줄여가고 있는 것을 누가 부정할 수 있을 것인가? 그런 죽음에 대한 진행형을 잊어

버리고 사는 것이 다행이다. 남겨진 수명 안에서 우리는 건강하게 살아가야 할 의무와 책임이 있다. 얼마나 많은 이가 질병으로 고통 받고 있는지….

이런 질병의 원인을 살펴보노라면 그 원인 중 상당수는 내 몸에 맞지 않는 무절제한 식습관과 생활 습관에서 비롯된 면역력 약화에 있음을 알게 된다.

특히 먹거리는 어떤가? 믿을 만한 먹거리를 찾을 수 없는 것이 오늘의 현실이다. 너무도 안타까운 것은 환경 파괴와 농약 중독으로 우리가 식탁에 올릴 만한 식물들이 점점 사라져 가고 있다는 점이다.

이런 열악하고 더러운 음식을 먹는 것은 곧 독을 먹는 것이나 마찬가지이다. 이런 독을 먹지 않고 살 수 있는 방법은 없는 것일까?

밥상 의사로서 수만 명 회원의 식탁을 지도하면서 이 부분에 골몰해 왔고 마침내 그 해답 중 일부를 찾아냈다.

해답은 바로 새싹 채소에 있다. 새싹 채소는 씨앗에서 막 움을 틔운 어린 새싹을 말한다. 이러한 새싹 채소는 다 성장한 채소에 비해 적게는 두세 배에서 많게는 열 배 이상 성장에 필수적인 영양소를 함유하고 있다. 그것도 항암기능부터, 멸균작용, 독소제거, 항알레르기, 다이어트, 소화효소까지 우리 몸에 좋다고 하는 것은 모두 갖추고 있다.

6

이 신비의 작물들이 아직은 대중화되지 못하고 있으나 조만간 밥상 위에서 친숙한 날이 올 것이다. 그만큼 현실적인 문제다. 효과는 대단하다. 건강이 염려되는 분, 가족을 사랑하는 분들이라면 이 책을 끝까지 꼼꼼히 읽어주시기를 부탁드린다. 특히 체질에 맞는 맞춤 새싹 섭취방법으로 안내하니 많은 도움이 될 것으로 생각된다.

"면역은 가장 좋은 의사이며 치료법이다."

히포크라테스가 남긴 이 말은 시대를 막론하고 통하는 진리이다.

우리 몸의 면역력을 가장 높일 수 있는 방법, 새싹 채소를 여러분에게 권해드린다.

일찍이 필자는《밥상이 의사다》《약이 되는 체질밥상》《내 몸에 맞는 음식궁합》《밥으로 병을 고친다》이란 저술을 통해 생태 섭생의 신비한 세계를 소개한 바 있었다. 여기 소개하는 내용도 그 연장선상에 있다. 새싹 채소는 누구나 쉽게 베란다, 텃밭, 부엌 등 어디서나 재배할 수 있다. 따라서 새싹은 부엌의 혁명이라고 말할 수 있을 만큼 우리 식단을 획기적으로 바꿀 수 있는 훌륭한 먹거리이다.

21세기 우리 식탁의 혁명을 주도할 새싹 채소! 건강한 세상이 기대된다.

2004. 12
방배동 우거에서, 허봉수

차례

식생활이 단명을 재촉한다

건강하게 오래 살고픈 욕심은 인류의 보편적인 소망일 것이다. 진나라 시황제처럼 온갖 영화와 권력을 손에 쥐고 있던 인물도 이런 소망에서 결코 자유롭지 못해 불로영약을 구하려고 수천 명을 파견하는 욕심을 부렸지만 천수도 다 누리지 못하고 세상을 떠났다. 하늘로부터 받은 수명보다 훨씬 더 오래 살고 싶은 욕심을 가진 사람은 별로 없을 것이다. 다만 받은 수명 안에서 최대한 건강하게 살고 싶은 것이 우리들의 솔직한 욕심이다.

그러나 식생활의 서구화와 과도한 영양 섭취, 스트레스의 증가 등이 우리의 건강을 심각하게 위협하고 있는 상황이다. 더구나 쇠고기는 광우병으로, 돼지고기는 돼지콜레라, 닭고기는 조류 독감 등으로 무엇 하나 마음 놓고 먹을 것이 없는 세상이 되었다. 두부와 소시지에 이물질이 들어가는가 하면 밥상에 올라오는 채소까지도 중국산이 토종으로 둔갑하고 잔류농약이 적정 수치를 과도하게 넘어선 것이 오늘의 현실이다.

한마디로 믿고 먹을 것이 없다는 것이 우리의 걱정이요 안타까움이다. 이런 독약에 가까운 음식을 먹고 사니 우리의 식생활 자체가 명을 재촉하는 것이다.

1. 건강에 대한 그릇된 인식, 면역의 바른 의미

우리나라 사람들이 가진 건강에 대한 그릇된 인식은 심각한 수준이다. 과도한 영양식과 영양의 균형에 대한 강박관념, 민간 전통에 따른 각종 혐오식품의 섭취도 심각하다. 몸에 좋다고 하면 고양이와 까마귀 심지어 지렁이도 먹어치운다. 그런가 하면 건강 염려증도 만연해 있어 약물 섭취량은 세계 최고 수준이라고 해도 지나치지 않을 것이다.

그렇다고 우리 국민의 건강수준이 좋은 편이라고 말하기도 어렵다. 게다가 질병에 걸리면 잘 먹어야 낫는다는 그릇된 인식이 고단백 위주의 식사를 하게 만들고 오히려 결과적으로 병을 키우는 경우도 적지 않다. 어떻게 먹는 것이 '잘' 먹는 것이며, 어떻게 먹어야 치료되고 예방이 되는지를 아는 것이 중요한데, 그런 고민 없이 당장 몸에 좋다는 것을 가리지 않고 섭취하는 사회 환경이 안타까울 때가 많다.

건강을 지키고 싶다면 몸의 소리에 귀를 기울여야 한다. 건강에 이상이 올 때 우리 몸은 어떤 식으로든 신호를 보내므로 그 통증의 신호를 잘 감지하는 것이 중요하다.

*건강에 대한 잘못된 인식

건강은 내 몸에서 소리가 나지 않는 것이다. 통증이 생겨 아프면 벌써 이상이 생긴 것이다. 우리 몸은 먹거리를 포함한 자연 환경과 조화를 이룰 때 건강을 유지할 수 있다. 우리가 아프다고 느끼는 자각증세는 나쁜 것이 아니다. 이것은 신체의 방어 신호이며 세포가 싫어하는 환경을 만난 것을 의미한다. 그런데도 '아프면 병원 가서 주사 한 대 맞으면 되지' 하는 생각이 건강을 더욱 악화시킨다. 우리 국민만큼 주사를 좋아하는 사람들도 없을 것이다. 사소한 감기에도 '주사', 목만 조금 아파도 '주사', 조금만 피로해도 '링거 한 병' 이런 것이 우리의 현실이다. 이것은 아마도 우리 국민성과 연관이 있는 것으로 판단된다. '빨리빨리' 습성이 질병 치료와 건강관리에도 적용되고 있다.

의사들은 감기에 걸리면 약을 먹든 먹지 않든 일주일 정도는 감기를 앓아야 한다고 말한다. 몸 안에서 병원균과 백혈구가 싸우는 동안 열도 나고 목도 아프고 몸살을 앓게 된다. 그러나 우리는 이런 지루한 과정을 생략하고 싶어서 열만 나면 해열제에 항생제를 그득 처방받고 싶어 한다. 그래서 독한 약을 처방하는 병원이 인기가 좋고 잘 낫지 않는 병원은 가지 않으려 한다. 이 때문에 우리 몸의 건강은 더 나빠지고 병원체는 약에 대한 저항력만 강해지는 것이다.

또 하나의 문제는 먹거리 문화가 잘못돼도 한참 잘못되어 있다는 것이다. 좋은 음식이라고 마구 섭취하는 것은 오히려 독이라는 것을 모르고 있다. 지나치면 미치지 않은 것보다 못하다는 '과유불급'의 절제심이 부족한 탓이다.

먹거리에는 체질별로 도움이 되는 음식도 있고 오히려 해를 주는 경우도 있다. 그런데 많은 사람이 그에 대한 분별력이 너무 부족하다. 브로콜리가 좋다고 TV에서 몇 마디 하면 온 국민이 브로콜리 팬이 되고 느타리버섯이 좋다고 하면 그날 농수산물 시장에선 느타리가 품귀 현상이 벌어진다. 모든 먹거리가 좋은 것도 아니고 다 나쁜 것도 아니다.

가족과 개인의 건강을 위해 이제부터라도 보다 신중하게 먹거리를 골라 내 체질에 맞게 섭취하는 지혜가 필요하다.

*자연과 조화를 이룰 때 건강을 유지할 수 있다

면역에 대한 이야기를 할 때면 꼭 떠오르는 것이 '장독론'이다. 우리 몸은 장독과 같아서 어느 정도까지는 독소가 차도 외부적인 표시가 나타나지 않는다. 하지만 독소가 꽉 차게 되면 그때부터는 외부로 흘러넘쳐 이상 기운을 감지하게 된다. 결국 몸이라는 것은 장독과 같아서 처음 어느 정도 불편할 때는 전혀 내색하지 않다가 더 이상 견디지 못하게 될 경우, 이상 징후를 나타내기 시작하는 것이다.

그러므로 우리 몸에 이상 징후가 나타나기 시작하면 몸속에 독소가 이미 상당량이 축적돼 있다는 것을 의미한다. 면역이란 것은 장독에 독소가 차지 않도록 늘 장독을 청소해주고 비워주는 것을 말한다.

사전적 의미로 면역이란 '어떤 특정한 병원체 또는 독소에 대해 개체가 강한 저항성을 갖는 상태'를 말한다. 즉 생체의 내부환경이 외래성 및 내인성의 이물질에 의해 교란되는 것을 막아 생체의 개체성과 항상성을 유지하기 위한 메커니즘이다. 원래 면역이란 어떠한 의미에서 자유롭게 된다는 말이었다. 근세에 이 말이 의학 영역에 받아들여져 전염병으로부터 피하는 뜻의 '면역'이 되고, 다시 세균·바이러스 등의 감염에서 벗어나거나 예방하는 뜻으로 사용되기 시작했다. 오늘날 생명과학의 관점에서는 생체방어 메커니즘의 중요한 인자로서 자리를 잡고 있다.

생태학적으로 면역의 뜻은 '병(disease)으로부터 벗어나다'라는 의미로 병과 반대되는 개념이다. 그러므로 면역은 자연과 조화를 이루어 안정된 상태에서 생긴다. 즉 나와 음식물이 만나 조화를 이룬 상태에서 면역력이 증강하는 것이다.

이 같은 면역력을 키우기 위한 다양한 방법이 시중에 소개되고 있다. 전문적인 방법은 아니더라도 인체의 기능을 강화하는 저 나름대로의 방법들을 갖고 있는 것으로 보인다. 헬스장에서의 운동이나 근린공원에서의 산책, 반신욕, 발마사지, 식이요법 등 다양한 방법이 동원되고 있다.

그렇지만 독이 그득한 음식을 먹고 아무리 운동한다고 해도 그것이 몸에 득이 될 리는 만무하다. 무엇보다 좋은 먹거리를 내 몸에 맞게 골라 먹는 것 자체가 면역력을 키우는 기초조건이 된다는 사실을 알아야 한다. 또한 몸에 맞는 환경, 활동을 바르게 선택할 때 면역력과 자연치유력은 저절로 향상된다.

2. 잘못된 식생활이 질병과 단명을 재촉한다

한끼 한끼 먹는 음식만큼의 내 몸이 변화된다는 사실을 우리들은 잘 인식하지 못하고 산다. 또한 섭취한 음식물이 내 몸을 돌면서 보내는 신호에 우리들은 늘 둔감하다. 어디 어디가 아프다는 말로 표현하고 있는 것이 자각증세인데, 이것은 우리 몸에 원치 않는 먹거리가 들어왔다는 '신체방어신호'이다. 면역력이 강하다는 것은 이렇게 몸에 원치 않는 먹거리가 들어왔을 때 잘 걸러내 병으로 이어지지 않고 견뎌내는 것을 말한다.

그러나 현대인의 건강상태는 생각만큼 좋지 않다. 특히 식습관은 엉망이라고 해도 지나치지 않을 정도이다. 요즘은 삼시 세 끼를 먹는 습관을 제대로 갖추고 있는 사람들이 드문 상황이다.

모 TV 프로그램에서도 보여주었듯이 한참 자라는 청소년층에서도 아침식사를 하고 학교에 오는 아이들이 한 학급에 절반도 되지 않는 것이 우리의 현실이다. 거기에 점심 한 끼 급식 식사만 제대로 먹고 나머지는 햄버거나 감자튀김, 피자, 콜라 한 잔과 도너츠 정도다. 식사를 하는 것이 아니라 때운다는 느낌이 훨씬 강하다. 이처럼 '뭐 어때? 한 끼 먹는 것 대충 먹고 말지' 라는 생각이 우리의 건강과 수명을 위협하고 있다.

잘못된 식생활로 질병이 생겼는데 그 원인은 그대로 둔 채 새로운 치료제나 대체 의학으로 소화불량, 고혈압, 당뇨 등 질병을 치료하려고 한다. 그러나 그것은 결코 해결책이 될 수 없다. 진정한 해결책은 다음 질문에 해당되는 항목, 체질에 맞는 음식물, 환경오염 해독, 바른 생체 리듬, 바른 마음, 바른 자세, 몸 움직이기 등을 회복해야만 건강을 지킬 수 있다.

우리의 잘못된 식생활 습관과 몸의 상태 중 대표적인 10가지 사례를 정리해 보자. 이 중에서 5가지 이상 O표 한 사람은 나쁜 식생활로 인해 심각한 질병이 걸릴 가능성이 높은 주의요함, 7가지 이상은 경고와 경계 대상, 9가지 이상은 심각한 상황이라고 봐도 좋을 것이다.

① 아침을 먹지 않으면 속이 편하다. [　]

　너무나 많은 직장인과 학생들이 아침을 먹지 않는다. 당장은 속이 편해 보여도 점심이나 저녁을 과식하게 되거나 아예 식욕을 잃게 만들어 장기적으로 심각한 위장 장애를 일으키기도 하고 위장이 스트레스에 과민하게 노출될 우려가 높다. 특히 흡연자의 경우와 낮술을 마시는 사람들에게는 치명적으로 나쁜 습관이라 할 수 있다.

② 식사를 빨리 끝내고 쉬는 것이 좋다. [　]

　과도한 업무량과 학업량 때문에 점심시간 한 시간이 너무나 소중하게 느껴질 것이다. 그렇다고 짧은 시간의 쉼을 얻고자 식사를 빨리 해치우고 쉬는 것은 결코 바람직하지 않다. 제대로 씹지 않고 넘긴 음식이 위장에 무리를 주고 급하게 먹은 후 유증으로 오후 내내 속이 편하지 않게 된다. 장은 더욱 스트레스를 받아 소화를 제대로 돕지 못한다. 잠이 크게 부족한 학생들의 경우 밥을 먹자마자 잠을 자는데 이것도 매우 나쁜 식생활 습관이다.

③ 패스트푸드 등 간편 메뉴로 끼니를 자주 때운다. [　]

　인스턴트 음식이 주를 이루는 패스트푸드로 점심을 해치우는 것은 건강에 해롭다. 기름에 잔뜩 절인 튀김과 냉동식품류, 태운 흰 밀가루 빵, 당분과 흰 설탕 범벅인 빵류, 청량 음료수 등도 건강한 식단이 못된다.

④ 뷔페식 등 외식이 절대적으로 많은 편이다. [　]

　가정에서 식사하는 것보다 매식하는 습관이 일반적으로 나쁘다고 이야기하는 것은 매식 요리가 과도한 향신료와 자극적인 맛을 추구하기 때문이다. 양식의 경우는 육식이 많아 부담스럽고 한식 중에서도 찌개나 탕류는 지나치게 짜고 매운 것이 문제를 불러일으킨다. 또 외식하다 보면 투자 대비 효과(?)를 누리기 위해 대개 과식하게 된다. 이래저래 외식이 많으면 우리 몸에는 이로울 것이 없게 된다.

⑤ 채소나 과일이 싫어지고 육식에 치우친다. [　]

　채식 위주의 식사를 해 오던 우리 민족이 언제부터인가 쇠고기와 돼지고기 등 육류를 엄청나게 섭취하고 있다. 그에 비해 채소류와 생선의 섭취량은 줄었다. 육식 중에서도 불고기류가 많아 태운 음식을 과다하게 먹는 것이 큰 문제이다. 태운 고기는 위장에 자극을 주고 장에 스트레스를 준다. 암 발생의 원인이라고까지 이야기하고 있음에도 고기를 바짝 태워서 먹는 사람들이 많다 이것은 가장 나쁜 식습관중 하나이다.

⑥ 식사 시간이 불규칙한 편이다. [　]

　불규칙한 식사는 위와 장의 세포들을 끊임없이 자극하고 힘들게 한다. 세포는 본능적으로 인체의 식사 시간을 기억하고 있다. 그런데 날마다 식사 시간이 들쭉날쭉

하면 세포가 제 기능을 하기 어려워진다. 당연히 소화 기능이 약해지고 인체는 저항력이 약화되어 질병에 노출되기 마련이다. 직업상 식사를 제때 하지 못하는 이들이 위장 장애를 호소하고 만성 피로를 호소하는 것은 우연이 아니다.

⑦ 대·소변 상태가 안 좋거나 냄새가 심하다. [　]

특별히 건강에 문제는 없는데 대 소변 상태가 안 좋고 냄새가 심하게 난다는 사람들이 꽤 있다. 음식물의 종류가 내 몸과 맞지 않거나 급하게 섭취하는 경우 그 음식은 불완전 연소되어 장 내에 머무르면서 썩게 된다. 특히 영양물질이 분해되면서 흡수되지 못한 찌꺼기들이 대변으로 나오게 되므로 냄새가 심할 수밖에 없다. 또 장내에 머무르면서 부패된 가스나 독소들은 재흡수되어 몸을 돌면서 신진대사가 된다. 바로 이 과정에서 소변에 심한 악취와 이물질들이 나오게 되는 것이다.

⑧ 체중이 자꾸 늘어난다. [　]

체중이 증가하는 주요 원인은 섭취한 음식물이 체내에서 제대로 활용되지 못하고 이물질로 떠돌면서 세포에게 스트레스를 주거나 정신적인 스트레스로 인해 세포수가 늘거나 그 크기가 커진 상태이다. 즉 많이 섭취하고 적게 소모한 열량의 불균형보다는 몸에 맞지 않거나 독소가 되는 음식물들이 내분비선의 변화를 주도하게 되고 몸의 항상성의 시스템이 깨진 것이 체중이 늘어나는 주요 원인이다. 생체 리듬이 깨졌거나 식습관이 불규칙한 것도 문제이다.

⑨ 매사에 부정적이고 짜증이 잘 난다. [   ]

　잘못된 식생활과 불규칙한 생활습관은 혈액 및 체내에 독소를 쌓이게 하고 그 독소들은 신경세포를 통해 뇌에 전달되어 시상하부를 통한 자율신경 실조증에 걸리게 된다. 이때 교감신경과 부교감 신경의 균형이 깨지게 되는데, 특히 교감 신경이 자극이 되어 작은 일에도 폭발하거나 매사에 짜증스럽고 부정적인 성향의 행동을 하게 된다. 교감신경의 긴장은 체내에 활성산소를 증가시켜서 비정상세포의 증식을 낳아 여자들은 자궁근종, 종양, 암세포가 생길 수도 있다.

⑩ 제 시간에 잠을 자도 아침에 일어나기 힘들다. [   ]

　수면 시간을 보면 잠을 결코 덜 자는 것이 아닌데 제 시간에 잠을 자도 잠이 모자란 느낌이 드는 분들이 있다. 그것은 휴식시간이어야 하는 저녁에 교감신경을 긴장시키는 무엇인가를 하여 부교감신경이 작업을 하지 못하도록 늦게 잠들었거나 낮에 섭취한 음식물과 저녁 늦게 섭취한 음식물들이 체내에 쌓여 불완전 연소로 발생한 가스나 독소때문인 경우가 많다. 불완전 연소의 원인은 체질에 맞지 않은 음식물 섭취와 과식 그리고 음식물을 섭취하고 충분히 소화시키지 않은 채 잠자리에 드는 것이다.

3. 밥상이 의사다!

건강을 지키기 위해 보약을 남용하는 것보다 몸을 만들고 조절하는 음식물부터 바로 먹는 것이 훨씬 중요하다. 그러나 실제 식생활은 무절제하고 해로운 음식으로 몸을 해친다. 밥상을 잘 차리면 그 자체가 의사 노릇을 한다. 잘 먹는 것은 배부르게 먹는 것이 아니고 소화, 흡수, 대사가 잘되는 음식물을 체질에 맞게 잘 먹어 몸을 이롭게 하자는 것이다. 그러니 밥상이야말로 자연이 우리에게 주는 최대의 의사가 아닌가.

*건강한 식생활은 장수의 지름길이다

먹고 마시는 것을 잘 선택한다는 것이 요즘처럼 어려운 적은 없었을 것이다. 한마디로 건강한 식생활을 위해서는 내 몸에 맞춘 음식을 먹어야 한다는 사실을 지적하고 싶다.

내 몸에 맞는 음식이 바로 보약이다. 보신탕, 삼계탕 등 보양식으로 알려진 음식도 자신의 체질에 맞지 않으면 오히려 독이 된다.

자신의 체질을 바로 알고 그 체질에 맞게, 모자라는 것을 보충하는 것이 올바른 식생활이다. 이것이 '생태 섭생 원리' 의 기본이다. 이 방법은 생명체들의 생장 특성에 뿌리를 두고 있다. 이 체질론은 사람의 체질을 크게 음양으로 구분한다. 음의 체질을 가진 사람은 양의 음식을, 양의 체질인 사람은 음의 음식을 섭취할 때 체내에서 안정을 취하며 생체가 활성화되어 소화, 흡수, 대사가 잘되는 이치다. 말하자면 생태 섭생법은 자신의 체질에 맞는 음식을 섭취함으로써 인체의 면역력을 높여 질병을 예방하고 치료하는 자연스런 생명현상을 말한다.

일례로 아무리 좋은 채소라 해도 맞지 않는 사람에게 강요하면 부작용이 더 커진다. 육식의 경우도 마찬가지다. 체질에 맞지 않는 음식이란 휘발유 넣는 자동차에 경유를 넣는 것과 같다. 그런 식생활이 우리 몸을 병들게 하고 있는 것이다.

입맛에 당기는 음식이 바로 몸이 요구하는 것인데 현대인들은 너무 많은 가공음식과 불규칙한 식습관 등에 길들여져 순수한 내 '몸맛' 을 잃어버렸다.

그래서 이것저것 섞어놓은 퓨전 타입의 음식물들과 가공식품류들은 독이 될 수도 있다. 언론 매체에 몸에 좋은 음식이 한번 소개되면 유행처럼 너나할 것 없이 그것을 따라 먹는 것도 정말 위험천만한 일이다. 과용하면 몸에 나쁜 경우도 얼마든지 있기 때문이다. 보리나 현미 같이 서로 다른 기운의 곡식을 섞어놓고 파는 건강잡곡도 정작 몸에는 소화, 흡수, 대사에 불안정한 것들이다.

아이들 머리 좋아지게 한다고 이것저것 찾아 먹이지만 음식이 체내에 들어가 활성화되지 못하면 그것 역시 무용지물이다. 머리 좋아지는 것은 몸과 마음이 다 맑고 밝은 때 저절로 이루어지는 것이지 억지로 되는 것이 아니다. 이런 사실을 바른 식생활로 받아들일 때 비로소 가능해지는 것이다.

*세포의 반응과 건강 비결

우리 몸은 수많은 병원체로부터 끊임없이 공격을 받고 있다. 이들로부터 몸을 지키고 방어하는 능력을 면역성이라 하고 질병의 원인이 되는 병원체와 맞서 싸울 수 있는 기능을 제공하는 기관을 면역계라 부른다.

인체 내부에서 침입해 들어온 병원균들과 싸우는 저항군은 핏속에 들어 있는 수십억 개의 백혈구들이다. 그러므로 면역과 관련된 우리 몸의 면역체계는 사실 백혈구의 저항 기능에서 비롯되는 것이다. 즉 질병을 예방하고 치료하는 본질은 백혈구의 면역 기능과 자연 치유력을 건강하게 해주는 것에서부터 시작된다.

우리 몸에는 코털과 눈물, 침, 피부, 위산 등이 1차 감염을 막아주는 차단벽이 되어주고 있다. 그러나 이곳이 뚫려 병원체가 침입하면 다양한 방어 작용을 한다. 그래서 제1방어선이 형성된다. 1방어선이란 우리 몸의 백혈구가 침입한 병원체가 더 이상 퍼지지 않도록 감염부위로 이동하여 이들을 파괴하는 것을 말한다.

이때 대식세포라고 부르는 세포는 감염부위로 이동하여 병원체를 잡아먹고 죽는다. 똑같이 병원체를 잡아먹는 기능을 하지만 수명이 상대적으로 짧은 호중구 세포는 단시간에 소멸하지만 대량의 숫자로 적을 공략해 해치우고 자신도 죽어버린다. 그 전쟁 후에 고름이 나타나는데 이것이 세균의 시체와 호중구의 잔해들이다.

병원체가 1방어선을 통과해버리면 보다 복잡한 세포들이 방어에 나서는데 이것이 2방어선이다. 이것은 항체 방어와 세포 방어로 나눌 수 있다. 이 방어전에 나서는 림프구 세포는 백혈구의 28-30% 정도를 차지한다. B세포, T세포, NK세포 등이 있다. B세포는 병원체를 찾아 이를 요격하는 탄도 미사일과 같은 것으로, 이때 생산되는 단백질을 항체 또는 면역 글로블린이라 부른다. T세포는 헬퍼, 킬러, 서프레서 등으로 나눈다. 이 세포들은 모두 병원체를 기억하여 공격 명령을 내리고 인식하여 잡아먹으며, 신체가 과잉방어를 하지 않도록 하는 기능을 맡고 있다.

이런 면역 기능이 정상적으로 움직이려면 각 세포가 건강해야 한다. 우리 몸의 각 세포들은 늘 몸이 정상적으로 움직일 수 있도록 돕는다. 체온도 일정하게 하고 맥박과 혈압을 유지하며 병원균을 잡아먹는 기능을 갖고 있다. 그런데 과도한 스트레스, 불규칙적이고 영양이 과도한 식사, 더러운 환경 등에 노출되면 이 시스템이 파괴되어 질병에 취약해지는 것이다. 그러므로 면역이란 질병을 가져오는 염증과 알레르기, 노화 등을 막기 위한 신체 균형력을 말하는 것이다. 이것이 약하면 질병에 취약해지고 이것이 강하면 몸이 건강하다.

그런데 가장 우리를 병들게 하는 것은 식사를 과도하게 혹은 잘못 먹는 경우에서 기인한다. 삼시 세 끼를 고랭지 식품만 섭취해도 체질에 맞지 않으면 장내 균형이 무너지고 당뇨 고혈압 비만 암 등이 걸릴 수 있는 것이다. 따라서 면역력을 강화하는 방법 가운데 가장 쉽고 가장 힘든 것이 나에게 맞는 올바른 식습관을 갖는 길이다. 누구나 알고 있는 것 같지만 사실은 제대로 알지 못하여 병에 걸리는 경우가 많다.

4. 웰빙 새싹 용법은 확실히 믿을 수 있다.

육류보다 채소가 좋다는 이야기들을 많이 한다. 채식 위주의 식사로 우리 몸의 영양 균형을 취하고 질병도 다스릴 수 있다. 그러나 문제는 채소와 과일조차도 마음놓고 먹을 수 있는 것이 거의 없다는 것이다. 언론 보도에 따르면 우리가 흔히 먹는 상추와 깻잎도 잔류 농약의 수치가 매우 높다고 한다. 야채가 몸에 좋다고 먹지만 독약을 먹고 있는 것과 무엇이 다른가. 유기농이라고 해서 대단히 비싼 값을 치르고 사먹는 쌀, 보리, 밀 등의 곡식류와 채소류 역시 안전도에서 완벽하게 믿을 수 있는 것은 아니다. 유기농 재배를 하면서 화학 비료를 쓰지 않으려면 논의 경우는 천수답을 써야만 가능하다. 그렇지 않으면 바로 옆 논에서 화학비료를 쓰고 농약이 범벅인 물이 흘러내려와 유기농 논을 휩쓸고 간다면 진정한 유기농이 아니다. 흉내만 내는 것이다. 요즘 한겨울에도 싱싱한 야채를 마음놓고 먹을 수 있는 것은 다 비닐하우스 재배 때문이다. 그러나 이것도 빠른 성장을 위해 농약을 함부로 사용하는 경향이 많다.

생산자를 밝히고 아무리 떳떳하게 농사를 지어도 몇몇 파렴치한들이 설치면 우리들의 먹거리 전체가 불신받는 것은 어쩔 수 없는 일이다. 미꾸라지 한 마리가 깨끗한 물 전체를 흐리는 것이 아닌가.

농약을 쓴 상추와 깻잎, 그리고 전혀 쓰지 않은 채소류를 비교해보면 금방 알 수 있다. 농약을 쓰지 않은 인체에 무해한 채소는 솔직히 지저분해 보인다. 꼬이는 벌레를 일일이 다 잡지 못해 여기저기 벌레 먹은 잎사귀들이 붙어 있다. 그런데 장보러 나온 주부들이 벌레 먹은 것은 아예 사가지를 않기 때문에 농약을 뿌려서라도 보기 좋은 채소를 재배하게 된다는 것이다.

농약을 엄청나게 뿌린 채소는 만져보면 미끈거린다. 이상하게 광택이 나는 경우도 있다. 그러나 그것은 잔류 농약으로, 도저히 먹을 수 없는 채소류이다.

따라서 아무도 믿을 수 없는 농산물 공급 시스템이라면 자신이 직접 지은 농사라야 믿고 먹을 수 있지 않겠는가. 웰빙 새싹 요법은 바로 이런 점에 착안하여 필자가 제시하는 새로운 먹거리 방법이다. 면역을 키워주고 절대 안전하고 누구나 금방 배울 수 있는 새싹 재배법을 하루라도 빨리 여러분에게 소개하고 싶다. 이제 밥상의 신뢰를 회복해야 하는 절대절명의 과제가 우리들에게 주어져 있는 셈이다.

1장

왜 지금 새싹이라야 하는가?

자신의 건강을 지키기 위해 많은 사람이 다양한 노력을 기울이고 있으며 여기에 투자하는 돈과 시간은 천문학적인 수치에 이르고 있다. 이들은 적어도 하루에 30분에서 1시간씩은 자신에게 투자한다. 그런 관점에서 본다면 '새싹 키우기'는 하루 1분이면 된다. 30분씩 투자할 필요가 없다. 화장실 가면서 물 한 번 주고 양치질 하러 가면서 물 한 번 주면 족하다. 그 정도 노력이면 자신뿐 아니라 가족 전체의 생명을 몇 년씩은 연장시킬 수 있다.

'하루 1분 투자로 20년 수명 연장에 도전!!'

이 말이 거짓말처럼 들릴 것이다. 그러나 한 번만 해보면 알게 된다. 새싹 키우기야말로 인간의 노력이 가장 적게 드는 생명 연장술이요, 기적의 텃밭 제조술이다.

1. 새싹채소란 무엇인가?

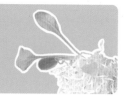

　새싹 채소는 채소의 어린 잎이다. 채소뿐 아니라 약초의 경우도 어린 싹을 많이 쓴다. 어린 것을 쓰는 이유는 싹이 아직 덜 성장했을 때 자기 성질을 가장 그대로 품고 있는 탓이다. 또한 외부의 영향을 채 받지 않아서 독소나 해악들이 적은 탓이다. 채소의 경우는 맛과 향이 부드럽고 소화가 잘된다.

　동의한약을 먹을 때는 특히 섭생이 중요한데 강한 향신료를 쓰지 않아야 하고 돼지고기나 닭고기 등 기름기 많은 식품은 피하도록 했다. 채소의 경우도 예전에는 대부분 독성이 강하지 않은 어린 잎을 섭취하도록 권했다. 지금은 약도 병원에서 다 달여주고, 먹는 음식이나 물을 가리지 않는 분위기지만 동의학에선 채소 하나도 이렇듯이 가려 먹도록 함으로써 인체의 섭생을 그만큼 중요시한 것을 볼 수 있다.

*새싹 채소의 실체

　새싹은 스프라우츠(sprouts)라고 해서 어린 잎의 총칭이라고 할 수 있다. 주로 식물의 새싹을 말하는데 브로콜리라든가 메밀, 무순 등이 일반적으로 사랑

받는 새싹들이다. 이들에는 비타민 A와 C, E류가 다량 함유되어 있어 주목을 받고 있다.

동물 가운데서도 어린 닭(영계, 약닭)이나 애저(어린 돼지) 등은 약으로 쓸 정도로 인체에 도움을 준다. 어린 식물의 경우도 마찬가지인데 동물들보다 종류도 훨씬 많다. 식물은 싹을 틔우고 나서 며칠 동안 성장의 힘이 가장 많이 필요하다. 어린 새싹은 땅에서 싹을 틔우고 나오기까지 대단한 성장력을 갖고 있다. 식물의 씨앗은 모든 성장의 운동력을 숨겨놓은 보고이다. 생명 유지에 필요한 모든 영양소를 농축시켜 놓았기 때문이다.

이곳에서 어린 싹을 틔워 땅위에 올려보낼 때 갖은 힘을 다해 세상에 선을 보이려고 한다. 이 성장력이 바로 새싹 식물의 힘이자 에너지이다. 그래서 새싹으로 움틀 때는 완전히 성장한 채소에 비해 비타민과 미네랄 등 인체에 유효한 성분들이 3~4배까지 함유되어 있다.

이 때문에 최근 서구 유럽과 일본 대만 등에선 새싹 채소의 진가를 깨달으면서 수많은 사람이 이를 재배하려 나서고 있다.

*일반 채소와 다른 점은?

새싹이 일반 채소와 다른 점은 무엇보다 채 성장하기 전에 수확함으로써 영양가를 충분히 확보할 수 있다는 것이다. 이미 다 성장한 채소는 뿌리와 줄기,

잎을 키우기 위해 식물이 가진 영양소가 분산된다. 외부 환경의 영향도 이미 많이 받았다고 볼 수 있다. 농약이나 바람, 날씨, 공기, 물 등의 외부적 요인이 식물 성장에 중요한 작용을 하므로 이미 성장한 식물은 그런 외부의 영향을 다 받았다고 보는 것이다.

어린 새싹은 이런 외부 영향을 거의 받지 않은 채 식물 고유의 상태를 갖고 있다. 게다가 싹을 틔워내기 위해 영양소를 최대한 밀어내고 있는 상황에서 수확하므로 훨씬 인체에 유익하다고 볼 수 있는 것이다.

새싹이 땅 위로 싹을 밀어내는 힘은 거의 기적에 가깝다고 볼 수 있다. 아무리 메마른 땅이라도 틈을 찾아내 싹을 틔운다. 학자들은 새싹이 땅에 움을 틔울 때 내는 힘이 강철을 뚫는 드릴만큼 강하다고 평가한다. 우리는 황량한 시멘트 바닥에서도 틈만 있으면 식물이 싹을 틔우는 강한 생명력을 눈으로 확인할 수 있다. 그 힘은 씨앗이 가진 그들 고유의 생명운동력이며 자연이 선사한 훌륭한 식물의 힘이다. 이제 우리는 그 힘을 확인한 바 있으므로 영양만점 새싹을 웰빙 식품으로 제대로 활용해 보자.

*새싹채소의 영양 분석

식물은 태양 에너지를 광합성을 통해 화학 에너지로 바꾸고, 이를 종자 즉, 씨앗의 형태로 저장한다. 따라서 씨앗은 인류와 가축에게는 효과적인 에너지 공급처가 된다.

씨앗은 식물의 유전자 기억을 다음 세대로 이전하며 그 정보를 간직하고 있어 세대 증식을 가능케 한다. 씨앗은 겨울과 같은 혹독한 환경이나 물이 없는 곳에서도 한동안 버텨낸다. 단단한 껍질은 그런 조건들을 견뎌내도록 설계되어 있다. 게다가 앞 세대의 식물 바이러스 같은, 유전하지 않아도 될 나쁜 정보는 거의 이전하지 않는다. 여기에 씨앗의 신비가 있다. 모든 씨앗에는 생명의 기적이 숨어 있다.

새싹의 기적은 처음 흙 속에서 싹을 밀어 올리는 힘 속에 있다. 이 힘은 씨에서 나오는 것으로 단백질을 만들어 제공하는 근원이다. 비타민, 효소, 필수지방산, 미네랄 등을 저장하고 있어서 식물이 필요로 하는 곳에 적시에 영양분을 공급해준다.

씨앗이 싹을 내는 것을 발아라고 한다. 학문적으로는 종자에서 어린 눈이 나오거나 어린 뿌리가 나오는 것을 발아라고 한다. 땅에 씨를 뿌렸을 때 발아한 새싹이 땅 위로 출현하는 것을 출아라고 하며 통칭해서 발아라고 부르기도 한다. 구체적으로는 두 가지의 발아가 나타난다.

먼저 지상발아는 콩류에서 볼 수

있는데 자엽이 땅속으로 나와 생장점에 양분을 공급하고 자엽과 자엽 안에 있는 어린 눈이 땅 위로 밀려나오게 된다. 지하발아는 완두나 벼, 보리, 밀, 옥수수 등에서 볼 수 있다. 발아중에 자엽이나 또는 자엽처럼 양분을 저장하고 있는 기관은 땅 속에 남고 어린 눈은 지상으로 나온다.

새싹을 내는 발아 과정은 하늘이 내린 신비의 과정이다. 발아에 의해 그동안 씨앗에 보이지 않던 유효 성분이 대량으로 나타나게 되고 영양도 크게 증가한다. 다양한 효소가 등장하고 씨앗이 가지고 있던 여러 영양소 성분을 소화되기 좋게 분해하고 변화시킨다.

- 콩 새싹의 예

콩나물이 우리나라 새싹 채소의 대표적인 예라 할 것이다. 조상대대로 내려온 콩나물 먹는 습관은 감기 예방과 숙취 해소 등에 특효가 있었다. 그것은 발아시킨 콩이 대두에 없는 비타민 C가 가득하기 때문이다. 싹이 나는 과정에서 대두의 영양소가 비타민 C로 변화하기 때문인데, 이 밖에 단백질과 비타민, 식이섬유가 풍부하여 저칼로리 식품으로 각광받을 만하다.

최근 주목받고 있는 아이소플라본 함량이 성장한 콩보다 높아 갱년기 여성의 치료에 좋다고 한다. 숙취 해소를 돕는 아스파라긴산이 풍부한 것은 이미 잘 알려진 사실이다. 발아하는 도중 당질과 단백질이 잘게 분해되므로 소화도 잘 된다. 그러나 음체질의 경우 날 콩이나 삶은 콩을 먹은 뒤엔 배탈이 나는 수가 있으므로 금기해야 한다.

- 현미 새싹의 예

현미나 쌀겨에서 추출되는 아라비녹실란이라는 것은 씨껍질이나 배아 속에 리그닝, 헤미셀룰로우스 형태로 들어 있어 먹어도 인체가 소화시키지 못한다. 그러나 이들은 발아중에 효소에 의해 분해되므로 인체가 이를 흡수할 수 있게 되는 것이다. 아라비녹실란은 인체의 항암 기능을 도와주는 NK세포를 활성화 시켜 많게는 9배까지 증가시켜 주고 독성이 없는 것으로 알려져 있다. 이 성분 은 강력한 면역 기능이 입증되면서 백혈병과 암치료에 특효가 있는 신물질로 각광받고 있다.

현미가 좋다고는 하지만 실제 우리가 밥을 지어 먹을 때 음체질들도 제대로 소화시키지 못하는 경우가 있다. 발아된 상태, 즉 새싹이 나온 상태로 이를 먹 으면 효소에 의해 위에서 언급한 성분들이 소화되기 좋게 분해되어 인체에 도 움을 준다. 우리가 흔히 발아현미라고 하는 것은 막 싹을 틔운 상태에서 먹는 것으로, 현미쌀의 씨가 막 터진 상태라 쌀과 모양이 거의 비슷하다.

그러나 현미싹이라면 싹을 틔우고 며칠은 지난 것으로 싹이 몇 센티미터 자 란 것이니 용어의 선택에 구분이 필요하다. 발아현미의 경우 양인들은 금기하 는 것이 좋다.

- 씨앗에서보다 새싹이 되었을 때 증가하는 영양소

먼저 단백질이 여러 영양소로 늘어난다. 씨앗 상태로 있을 때는 단순한 단백질이지만 발아의 과정을 거치면서 단백질은 아미노산으로 바뀌고 지방은 필수 지방산으로 바뀐다. 이는 인체에 소화되기 좋게 변화하는 것으로 볼 수 있다.

씨앗에는 단백질, 효소, 비타민, 미네랄 등이 미량으로 들어 있는데 이것이 발아하면 각 성분이 크게 증가해 영양이 적게는 몇 배 많게는 수십 배 증가한다. 여기에 씨앗을 원형대로 오래 보관하기 위해 껍질이 가지고 있는 소화방해 성분이 사라지게 되어 인체에는 유효한 성분을 공급하게 된다.

미네랄은 인체나 식물에 함유된 원소 중 산소·탄소·수소·질소 등 4대 원소를 빼버린 나머지 원소의 총칭이라고 할 수 있다. 그 중에서도 칼슘·철·인·마그네슘·칼륨 등을 주요 미네랄이라 부른다. 콩류에는 단백질 외에도 이런 미네랄이 풍부하다.

그런데 씨앗 상태보다 발아된 상태에서 이들 미네랄은 더 많은 풍부한 자양분을 공급한다. 단순하게 비교해보면 싹이 난 완두콩의 미네랄 성분은 계란 이상의 영양분을 공급할 만큼 새싹의 '힘'이 대단하다. 이 밖에도 비타민 같은 필수 영양소도 씨앗 상태보다 훨씬 많은 양을 공급한다.

2. 새싹을 키워야 하는 일곱 가지 이유

새싹 채소를 키우는 것에 대해 귀찮은 일이라는 반응을 보이는 사람들이 있다. 그러나 천만의 말씀이다. 새싹 채소는 씨를 구입해서 아무 용기나 재활용 그릇, 빈 우유곽, 페트병, 바구니, 하다못해 깨진 바가지나 장독대 등에 뿌리고 물만 주면 잘 자란다. 그래서 하루 1분 투자로 20년 건강을 유지한다는 말이 생겨난 것이다.

씨를 구입하는 것이 귀찮다고? 그런 사람들을 위해 통신 판매하는 종묘사들도 많다. 이렇게 간단한 투자로 건강의 효과를 바로 얻는 것이야말로 우리가 늘상 이야기하는 최소 투자에 최대 이득을 얻는 현대의 경제법칙이 아닌가.

*간편성 : 쉽게 누구나 키울 수 있다

'눈꼽만한 텃밭이 있다면 얼마나 좋을까' 라는 서민들이 대단히 많다. 그러나 텃밭이라는 곳도 생각보다 손이 정말 많이 간다. 요즘 농사를 짓는 사람에게 물어보면 논농사가 훨씬 쉽다고 이야기한다. 농지정리가 잘돼 있고 거의가 기계화·자동화가 되어 예전처럼 사람 손을 크게 들이지 않고 농사를 짓기 때문이다. 그러나 밭농사는 여전히 허리가 끊어지는 고통을 겪어야 한다. 벌레를 잡아주고 약을 뿌려야 하고 물도 대줘야 하는 불편함이 여전한 탓이다.

텃밭도 규모가 작아서 그렇지 이런 불편함은 다 갖고 있는 셈이다. 그러나 여기서 이야기하는 새싹채소는 '베란다의 텃밭'이나 '거실의 텃밭'에서 키우므로 장소와 사람의 제약이 전혀 없다.

'누구나' 키울 수 있다. 정말 아무라도, 물만 줄 수 있는 힘만 있으면 된다. '쉽게'라는 말도 마찬가지이다. 물만 주는 것이지 비료를 준다든지 벌레를 잡아야 한다든지 하는 귀찮은 일은 일체 NO!! 그냥 물만 주면 된다. 그러니 가장 간편한 밭농사가 아닌가.

*항상성 : 언제나 결실을 거둘 수 있다

요즘은 계절의 구분 없이 과일과 채소를 먹을 수 있다. 슈퍼마켓에 가보면 겨울철이라도 참외 오이 수박 등 다양한 과일과 채소가 아름다운 자태를 뽐내고 있다. 이것은 비닐하우스 농사 덕분이다. 마찬가지로 집안에서 키우는 새싹 채소 역시 계절의 구분이 전혀 필요 없다. 아파트나 가정의 거실, 베란다 등은 늘 상온이다. 씨앗은 일년 내내 구매가 가능하고 이곳에서 키우는 새싹 채소 역시 아무 때나 파종할 수 있으므로 수확은 24시간 365일 가능한 것이다.

*경제성 : 값싸게 새싹 채소를 얻을 수 있다

종묘상에서 파는 씨앗의 가격은 정말 싸다. 심지어 농협이나 은행 그리고 일부 슈퍼마켓에서는 채소 씨앗을 무료로 나누어주는 곳도 많다. 시금치, 콩 같은 씨앗은 마음만 먹으면 금방 구할 수 있다. 이에 비하면 채소 가격은 대단히 비싸다. 또 비가 오든지 기온이 떨어지면 채소 값이 천정부지로 오른다. 중간상인을 거쳐야 하고 여러 단계의 물류 비용을 감안해야 하는 탓이다. 그러니 상추 한 줌에 1천 원, 깻잎 4,5묶음에 1천 원이라는 계산이 나오는 것이다. 상추 비싸서 삼겹살 구이를 못먹는다는 주부들도 있다.

이런 상황이지만 새싹 채소는 전혀 그런 걱정이 필요 없다. 씨앗 값만 들이면 금방 먹을 수 있으니 얼마나 경제적인가. 대개 씨앗은 자신의 부피에 비해 10

배 이상 많게는 20배 이상 증가한 채소를 공급해준다. 그래서 이 '베란다 텃밭'의 실내 농사를 '뻥튀기'라고 부르는 사람들이 있을 정도이다.

*청정성 : 깨끗하고 신선한 채소를 얻을 수 있다

보통 슈퍼마켓에서 구입한 채소류는 이미 2,3일 전에 출하된 것이 많다. 당일 출하 당일 출고라면 좋겠지만 현실적으로 농사짓는 곳에서 출하하면서 하루이틀 묵게 되고 도중에 하루 정도, 슈퍼에 나와 반나절이나 하루 심지어 2,3일 걸리면 도대체 우리는 며칠 된 채소를 먹고 있는 것인가?

그러나 우리가 직접 재배해서 먹는 새싹 채소는 먹기 직전에 바로 수확하므로 신선도가 가장 높은 식품으로 섭취할 수 있으니 얼마나 다행한 일인가. 슈퍼마켓 진열대에서 이 사람 저 사람 손타지 않고 기다리지도 않은, 태초의 깨끗함을 맛볼 수 있는 청정농사가 바로 새싹 채소이다.

*영양성 : 풍부한 영양과 효능으로 건강을 지킬 수 있다

앞에서도 언급했지만 비타민, 단백질, 미네랄, 필수 지방산, 효소 등이 막 발아된 새싹일 때 얼마나 풍부한지를 보면 된다. 완전히 성장한 식물보다 이들 영양소가 더 많고 효능도 좋으니 한번 먹어본 사람들은 계속 찾게 된다. T세포, NK세포 등 면역력 강화에 도움이 되는 유효 세포들이 가득한 새싹 채소야말로 영양 만점의 우수 식량이라고 할 수 있을 것이다.

게다가 이들 새싹은 소화가 대단히 잘된다. 다 성장한 채소의 경우 우리가 아무리 잘 씹고 넘겨도 위에서 소화되는 양은 그리 많지 않다. 새싹은 가장 소화력이 좋은 상태로 자양분을 공급하므로 영양의 손실이 최소화된다.

*신뢰성 : 화학비료 등 농약에 대한 두려움이 없다

사먹는 채소들에서 가장 두려운 것은 화학비료에 대한 두려움이다. 잔류 농약이 얼마나 많은가에 대한 언론 보도를 접하노라면 채소를 먹고픈 마음이 없어질 정도이다. 심지어 어떤 채소는 집에 가져와서 씻을 때 농약의 미끈거림이 그대로 느껴질 때도 있다. 이 정도면 건강하게 살고자 채소를 먹는 것이 아니라 독약을 먹는 것과 다를 게 없다. 무엇보다 남을 믿지 못하는 세상에 사는 것이 안타깝지만, 새싹채소는 내가 키운 농산물이므로 걱정할 필요가 없다. 믿을 수 있는 내 손으로 키운 채소를 먹자는 운동이니 누가 이를 싫다고 할 수 있을 것인가.

*다양성 : 종류가 다양해 질리지 않게 기르고 먹을 수 있다

사람은 누구나 한 종류의 음식만 먹고 살 수는 없다. 채소류는 더욱 그렇다.

상추쌈을 아무리 좋아해도 두끼 세끼를 연속해서 먹으면 질리기 마련이다. 그러나 새싹 채소는 다양하다. 브로콜리로부터 무순, 녹두, 팥, 케일, 양배추 등 다양한 종류를 얼마든지 재배할 수 있으므로 질리지 않고 다양하게 섭취할 수 있다. 채소 음식이 질린다면 튀김이나 채소비빔밥이나 무침, 전 등 다양한 요리법이 나와 있다. 얼마나 편하고 즐거운 식생활인가.

3. 주요 새싹 채소의 종류별 소개와 효능

우리가 흔히 만날 수 있는 새싹채소는 국내에서 생산되는 것과 수입농산물 등으로 대별되지만 새싹 분야는 씨앗을 구매하는 것이기에 국내외산을 구분하는 것이 큰 의미가 없다. 주변에서 볼 수 있는 새싹채소의 종류는 무순과 배추순, 브로콜리싹, 앨퍼퍼싹 등 무려 30여 종에 이른다. 이 품종들은 더욱 늘어날 전망이다. 직접 기르지 않고 농산물 센터나 전문 외식업체 샐러드 바를 가도 최소한 5가지에서 10가지 정도의 새싹 채소를 만날 수 있다.

*브로콜리싹

브로콜리는 지중해 지방 또는 소아시아 원산으로 알려져 있는데 일종의 양배추 변종이다. 키는 50~80cm 정도이며 가지가 뻗고 곧바로 자라는데 꽃은 녹색이다. 날것으로 먹거나 요리해서 먹으며, 짙은 녹색으로 영양가가 높고 맛이 좋다. 온화한 기후에서 서늘한 기후까지 가리지 않고 잘 자라지만 서늘한 곳을 더 좋아하며 종자로 번식한다. 얼마 전 모 TV 방송국에서 브로콜리의 효능을 설명한 후 브로콜리 품귀 현상까지 빚을 정도로 인기를 끌고 있다.

브로콜리는 항암 성분에 탁월한 효과가 있다고 알려져 있다. 그것은 항암제 중 설포라팬이라는 성분을 함유하고 있기 때문이다. 여기에 항산화 비타민인 베타 카로틴과 비타민 C도 풍부한 것으로 나타나 있다. 미국에서는 이미 상당 기간 전부터 브로콜리의 효능을 연구해 왔고 기능성 식품으로 가장 각광받고 있는데, 그 성질이 따뜻하여 음체질에게 좋은 식품이다.

브로콜리는 어린 싹일수록 맛이 있다. 육류에 붙여서 입맛에 맞는 드레싱을 하면 어른 아이 할 것 없이 잘 먹는다. 대부분 샐러드로 먹는 경우가 많고 양식에 보조 재료로 디시 위에 살짝 데쳐서 내는 경우도 있다.

*무싹

무는 배추과의 뿌리 농산물이다. 동의학 사전에 보면 무는 맛이 달고 매우며 폐경과 위경에 작용하는 식물로 그 성질은 뜨거워 음인들에게 좋은 식품이다. 옛날부터 소화를 돕고 기를 내리며 담을 삭이고 독을 풀어준다고 했다. 소화장애, 설사, 식체, 가래, 기침 등에 무씨를 동의약재로 썼다. 무의 새싹은 떡잎이 쌍이다. 이를 무싹, 무순이라고 부르며 쌍으로 열린 떡잎의 색깔이 바뀌기 전에 먹으면 더 좋다고 한다.

무싹은 고기 요리나 된장 고추장 요리 어디에든 다 어울리며 음식 궁합이 가장 좋은 농산물 가운데 하나이다. 대만에서 무싹은 채소의 왕이라고 불린다. 스테이크 같은 양식 요리나 한식의 조림 요리에도 좋다. 적무순도 같은 과로, 위에서 언급한 효능을 그대로 갖고 있다.

한편 강화도의 특산물인 강화 순무는 무를 개량하여 내놓은 것으로 강화군의 특산물이다. 속은 배추 쪽에 가까워 지중해 연안에선 잎을 많이 이용했다. 1천여 년 전부터 강화에서 키운 순무는 요즘 뿌리만 먹고 있는데 예전에는 잎을 많이 먹었다. 《동의보감》에 "순무는 맛이 달고 독이 없으며 오장을 이롭게 하고 소화기능을 다스리고 기가 왕성해진다"고 쓰여 있어 건강에 유익한 식품으로 알려져 있다. 황달을 치료하고 오장에 좋다. 씨를 말려 먹으면 장수하고 순무 잎을 먹으면 무기질, 비타민류를 다량 섭취할 수 있다. 순무 기름은 눈빛을 맑게 해주는 특효가 있다.

최근에는 강화 순무에 대한 학술세미나가 열려 2001년부터 국책과제로 선정돼 연구를 진행할 정도로 그 효능에 관심이 집중되고 있다. 간기능 활성화(GOT, GPT감소), 괴사감소 등 항산화기능과 항암 기능성 등이 보고되고 있는 것으로 알려져 있다.

전통의학에선 순무가 간장을 돕고 해독 소염 작용을 한다고 여겨 목에 염증이 생기거나 간이 나쁜 환자들에게 처방했다. 민간의학에선 목이 쉬는 데 순무가 좋다고 했다. 이 역시 어린 싹 잎을 먹으면 더 효능이 좋고 맛과 소화도 뛰어나다.

*알팔파싹

수입 농산물 가운데 상당한 인기를 모으고 있는 식품이다. 서남아시아가 원산이며 콩과의 다년생 작물로서 그 성질이 따뜻하여 음인들에게 좋다. 옛날부터 사료작물로 재배하여 한때는 목축 사료로만 사용했다. 아랍어에서 나온 이 말은 가장 좋은 사료라는 것으로, 모든 식품의 아버지라는 뜻이었다. 싹이 나서 성장하면 원줄기는 곧게 50cm 이상 1m까지 자란다. 작은 잎은 3장씩 나오며 타원형이 많다.

  사람들이 식용으로 먹기 시작하면서 이 농산물은 콜레스테롤을 낮추는 효과와 변비 예방 효과가 뛰어난 것으로 알려져 있다. 수프와 육류 요리에 들어가서 맛과 영양을 공급한다. 콜레스테롤 강하 작용으로 육류 소비가 많은 지역에서 각광을 받고 있다.

*콩싹

우리와 가장 친숙한 콩은 대두라고 부르며 일년생 콩과 작물로서 그 성질은 차다. 그러므로 양인들에게 좋은 식품이다. 밭에서 나는 쇠고기라는 별명이 붙을 만큼 단백질이 풍부하다. 콩에 약 40%의 식물성 단백질이 함유되어 있고 그 중에서 필수 아미노산이 많이 들어 있어 인체에 유익하다.

  우리 민족은 가장 콩을 많이 섭취하는 전통을 갖고 있다. 된장, 간장, 두부, 콩나물 등 다양한 음식이 50여 가지나 선보이고 있다. 최근에는 서양 사람들이 두부 요리 등을 즐겨 찾는다.

동의학에서 콩은 직접 약으로 쓰는 경우는 드물고 대개 두부로 만들어 약을 써 왔는데 맛은 달고 성질은 서늘하여 기를 보하고 비위를 고르게 하며 진액을 불려주고 열을 내리는 데 썼다. 소갈, 식은 땀, 열나는 데, 술 취한 데 쓰는 약재였다. 우리가 콩이라고 부르며 식탁에 올리는 종류는 완두콩·강낭콩이 많고, 그 외에 간장·된장의 원료인 메주콩, 반찬거리로 쓰는 검정콩·청태·얼룩콩 같은 것들이 있다. 이 콩류의 새싹을 틔워 먹으면 대두의 영양소가 비타민 C로 변화하여 인체에 유익하다. 단백질, 비타민, 식이섬유가 풍부하고 아이소플라본 함량이 씨앗 상태인 콩보다 높아 여성들 갱년기 치료에 좋다. 숙취 해소를 돕는 아스파라긴산이 풍부한 것도 잘 알려진 사실이다. 발아하는 도중 당질과 단백질이 잘게 분해되므로 소화도 잘된다. 중국에서도 콩류를 즐겨 찾아 거의 모든 요리에 들어가고 있다.

*메밀싹

메밀은 교맥이라고도 부른다. 메밀의 여문 씨를 말렸다가 각지에서 심어 재배한다. 맛은 달고 성질은 서늘하여 양인들에게 좋은 식품이다. 비·위·폐·대장경에 작용하는 작물이다. 기를 보하고 위를 튼튼하게 해준다. 메밀이 위를 훑어낸다는 말은 음체질들이 섭취했을 때 나타나는 증세 때문에 생긴 말로 모든 사람에게 해당되는 말은 아니다. 곽란에 유익하고 장과 위에 적체가 있을 때 좋다. 이질, 종기, 데인 데 그리고 만성 설사에도 쓴다.

민간요법에선 메밀을 고혈압 치료와 간염 치료에 썼는데, 싹이 틀 때 루틴이라는 성분이 증가하며 그 성분이 혈압을 내리는 데 탁월하다. 메밀묵으로 만들어 동맥경화증 예방에도 쓰곤 했다. 싹으로 키울 때는 콩나물과 비슷한 형태로 재배하는데 콩나물과 달리 생으로 먹어도 비린내가 없어 생식이 가능하다. 샐러드는 기본이고 무침과 익혀 먹는 요리 어디에도 좋다. 새싹 채소 요리에는 아주 적합한 작물이다.

*배추싹

배추의 성분은 대부분이 수분이다. 과거엔 가난을 구제하는 식품이었다. 풍부한 수분과 철분, 칼슘, 엽록소, 비타민 A와 C가 함유되어 있다. 동의학에선 배추가 침의 분비를 돕는다 했고 소화와 열을 내리는 데 이용했다. 갈증을 풀어주는 데 쓰고 변비 치료에도 좋은 효과를 발휘한다. 배추국은 해열제로 이용할 수 있을 정도로 그 성질은 차다. 그러므로 양인들이 섭취하면 좋은 식품이다.

배추에는 시스틴이라는 아미노산이 들어 있어 국을 끓이면 구수한 냄새가 나고 생으로 먹어도 달고 시원하여 전통적 먹거리로 이용되어 왔다. 또한 원 성질을 지키려는 특성이 있어서 발효식품인 김장으로 만들어 오래 두고 보관해도 배추의 원 성질을 버리지 않는다. 이런 특성 때문에 국으로 끓여도 비타민이나 칼슘 등의 손실이 다른 작물에 비해 적다고 한다.

소화를 돕는 작용이 강하고 산성을 중화시키는 특성이 있어서 예로부터 밥상의 감초처럼 배추가 등장했다. 여기에는 중화제로 활용되는 알칼리성인 칼슘이 풍부해서 소화를 도와준다. 밥상이 의사란 말은 이런 기초 작물들을 충분히 먹는 우리 민족의 습성 때문이다.

배추는 물론 배추싹은 열량이 낮아서 다이어트 식품으로는 최고의 진가를 누린다. 만복감은 가져다 주지만 단백질이나 지방은 아주 낮다. 배추 1g 열량은

0.27칼로리밖에 나오지 않는다. 거의 열량이 없는 셈이다. 싹으로 먹을 때는 샐러드로 먹거나 즙을 내서 마실 수도 있다. 쌈으로 이용해도 좋고 비빔밥 재료나 배추국에 넣어 이용하면 좋다.

*양배추싹

양배추는 가두배추라고 부르기도 한다. 동의학에선 맛이 달고 성질은 평한 것으로 보는, 서늘한 채소다. 따라서 양인이 섭취해야 좋다. 잎이 두터워 육질이 좋기 때문에 씹는 맛으로는 생식하기에 좋아 샐러드에 단골 재료로 들어간다. 털이 없으며 흰빛이 돌고 소화가 잘된다. 샐러드로 많이 이용하고 생즙이나 비빔밥, 냉면, 국수, 김밥 등에 이용할 수 있다.

주요 성분으로는 비타민 $B_1 \cdot B_2 \cdot C \cdot K \cdot P \cdot H \cdot PP \cdot$ 판토텐산 등이 들어 있고 칼슘, 황, 염소, 셀레늄 등이 들어 있다. 위와 십이지장 궤양에 쓴다. 위염, 대장염, 피부 궤양, 구내염 등에도 효과를 발휘하는데 신선한 것을 즙을 내서 먹으면 효과를 본다. 싹은 다 자란 양배추보다 훨씬 부드럽고 맛이 좋은데다 향내가 풍부해 인기가 높다. 성분 가운데 셀레늄은 노화 방지와 피부건강에 유익하고 항산화 효과가 있다.

*녹두싹

콩과에 속하는 작물이다. 성질이 차고 맛은 달고 독이 없으며 양인이 섭취하면 좋다. 심과 위에 작용한다. 열을 내리고 부은 것을 가라앉히며 기를 내리고 소갈증을 멎게 한다. 오줌을 잘 누게 하는 데도 썼다. 녹두차는 해독과 뇌막염, 뇌염, 장티푸스에 활용됐다.

민간요법은 해열과 피부병 치료에 사용해 왔다. 녹두를 간 죽은 더위 먹었을 때와 고지혈증, 당뇨 등에 좋다. 성장하면 키가 80cm 정도까지 자란다. 싹은 1쌍의 떡잎과 갓 생겨난 잎이 나온 뒤 3개의 작은 잎으로 된 겹잎이 나온다. 이때가 가장 좋다. 주성분은 54% 정도가 녹말이고 25% 정도가 단백질이다.

*우리밀싹

밀은 소맥이라고도 부른다. 우리나라 각지에서 나며 수입이 주종이다. 우리밀은 맛은 달고 성질은 서늘하여 양인들에게 좋은 식품이다. 심경과 비경, 신경에 작용하는 작물이다. 심신을 보하고 열을 내리며 갈증을 멈추는 데 쓴다. 밀은 곡류이므로 앞에서 본 채소류와는 완전히 다르다.

그러나 밀이나 보리 등 곡류의 새싹은 줄기로 자라기 전에는 채소와 거의 같은 영양소를 갖고 있어 새싹으로 먹을 때 놀라운 효능을 발휘한다. 통밀가루보다 밀싹은 단백질이 두 배 이상, 비타민 A는 23배, 식이섬유는 3배 이상, 칼슘은 7배 이상 들어 있다. 밀싹은 향이 아주 강해서 하나만 뽑아도 향내가 가득할 정도이며 소화력도 도와주어서 새싹일 때 음용하면 최고의 영양제 구실을 하게 된다. 30여 종의 효소와 미네랄, 엽록소가 풍부하고 조혈 기능이 있다. 다 성장했을 때보다 새싹일 때 치료제로 더 각광을 받고 있다.

미국의 화학자 찰스 슈나벨 박사가 밀싹의 조혈 기능을 찾아내 학계에 보고했다. 그 뒤를 이어 유럽 출신의 미국인 학자 앤 위그모어 박사가 밀싹으로 만든 밀싹즙의 강력한 치료 효과를 보고했다. 이에 따르면 밀싹즙은 당뇨, 고혈압, 비만, 위염, 위궤양, 천식, 녹내장 등에 좋은 치료 효과를 거둔 것으로 알려졌다. 숙변 제거와 독소 제거를 통해 암을 치료하는 데 도움을 준다. 새싹의 효과가 밀싹 만큼 크게 나타나는 것도 드물다. 우리밀은 연질이라서 우리 풍토와 우리 체질에 더욱 맞으나 서양 통밀도 새싹으로 쓰는 것에는 효능에 큰 차이가 없다.

*호로파싹

가장 크고 녹색을 지닌 새싹 채소의 하나이다. 서양에선 페뉴그릭이라고 알려져 있다. 콩과에 속한 한해살이 풀이다. 맛은 쓰고 성질은 따뜻하여 음인에게 좋다. 신경에 작용하는 작물이다. 통증을 멎게 하고 허리와 무릎이 시린 데쓴다. 배가 아프거나 위경련, 방광마비, 각기병에도 쓴다. 쓴맛이 강하기 때문에 알팔파 등과 섞어서 재배해야 향취를 제대로 느낄 수 있다.

호로파에서 나온 영양성분은 이미 학계에서도 알려져 있다. 이 추출물은 항당뇨와 항산화 효과에 우수한 기능을 발휘한다. 또 항염증과 위장 보호 효과 및 독성물질 차폐 기능이 강하다. 새싹을 먹으면 특히 소화력에 자신을 가질 수 있다.

*땅콩싹

콩과에 속하는 작물. 낙화생이라고도 부른다. 맛은 달고 성질은 평하여 양인이 섭취하면 좋다. 폐를 눅여주고 비위를 든든하게 한다. 지혈 작용이 있으며 마른 기침, 반위 등에 약재로 썼다.

원산지는 볼리비아 남부 안데스산맥 동쪽 기슭인데, 지금은 전세계에 퍼져 있다. 땅콩의 유효 성분을 보면 100g 중 단백질 25g, 지방질 47g, 탄수화물 16g이 함유되어 있어 영양이 대단히 풍부하다. 이 밖에도 무기질(특히 칼륨), 비타민 B_1·B_2, 니아신 등이 풍부하다. 땅콩 싹으로 스낵을 만들어 먹으면 소화도 잘되고 아이들도 좋아한다. 새싹 채소로 키우기에 적합하다.

*해바라기싹

초롱꽃목 국화과의 한해살이풀이다. 높이는 1m~2m 정도로 큰다. 몸 전체에 크고 굳은 털이 있고 잎이 크며 끝이 뾰족하고 가장자리에 큰 톱니가 있다. 꽃은 8~9월에 해를 향해 달리는 찬 성질이기 때문에 양인들에게 좋은 식품이며, 노란색의 꽃을 피운다. 씨앗은 예로부터 약재와 간식용으로 쓰였다. 씨앗 자체에 30% 정도의 기름을 함유하고 있어 식용유의 원료로 써 왔다. 해바라기 씨에는 칼륨, 칼슘, 철분 등의 무기질이 풍부하고 단백질도 시금치보다 풍부하다. 고혈압과 동맥경화, 신경과민에 좋은 약효를 보인다.

씨앗 자체의 효능은 이미 검증돼 있다. 수용성 비타민 콜린이 있어 부신호르몬의 분비를 촉진한다. 또 간에 축적된 지방을 분해, 간기능을 정상화시키고 리놀렌산도 60%나 포함되어 있어서 동맥경화를 방지한다. 그러나 해바라기 씨앗으로 그냥 먹을 때 분해되는 양이 새싹으로 섭취할 때보다 부족하다. 새싹 해바라기는 스낵을 만들어 먹으면 좋다.

*마늘싹

파과에 속하는 여러해살이풀이다. 잎 속에서 꽃줄기가 나와 그 끝에 1개의 꽃이 차례로 달린다. 꽃은 흰 보라색이다. 맛이 매우 맵고 성질은 따뜻하여 음인에게 좋은 식품이다. 기를 잘 돌게 하고 비위를 덥게 한다. 벌레를 죽이고 독을 풀며 부스럼을 낫게 한다. 억균, 바이러스 억제, 건위, 혈압강하에 도움을 준다. 동맥경화는 물론 항암작용에 독특한 약리작용을 한다.

마늘에는 탄수화물이 20% 가량 들어 있다. 그 속에 스코르디닌이라는 성분이 세포를 살리고 항암 작용을 한다. 마늘의 강한 냄새 성분 가운데 하나인 알리신은 비타민 B_1과 결합하여 알리티아민이 되는데, 비타민 B_1과 같은 작용을 하면서도 보다 흡수가 잘돼 각기병을 막는 데 효과가 있다. 알리신에는 강력한 살균효과가 있어 결핵균, 콜레라균, 이질균, 임질균 등에 대한 살균효과가 뛰어나다. 새싹 상태에서는 클로로필이 풍부하다.

마늘, 양파 모두가 새싹채소로 인기가 있다. 마늘과 양파는 다 성장하고 나면 향이 강하고 냄새가 심해 먹기가 꺼려진다. 그러나 새싹 상태에서는 냄새가 약하며 성장 초기에 아미노산과 비타민 등이 풍부해진다. 클로로필은 다 자라 말려서 먹는 양파와 마늘에는 없다.

*클로버싹

　우리말로는 토끼풀이다. 붉은 것과 진홍색이 있고 진홍색의 잎이 크다. 콩과에 속하며 동의학에선 맛이 약간 달고 성질은 평하다고 하여 그 성질은 서늘하다. 따라서 양인이 섭취하면 좋다. 열을 내리고 혈열을 없애는 기능을 갖고 있다. 치질로 인한 출혈에 약재로 사용했다. 잎이나 꽃을 우려내어 폐결핵과 천식에 사용했고 이뇨제, 붓는 데, 황달 등에도 약재로 썼다. 막 돋아난 새싹은 피를 멎게 하는 데와 염증약으로도 썼다. 부스럼, 화상에도 효과가 있다. 새싹 채소로는 빨리 자라고 맛이 강렬해 인기가 좋다.

*보리싹

　보리싹의 효능은 이루 말할 수 없을 만큼 많다. 이 책의 별도 장에서 다룰 것이다.

4. 체질별로 어울리는 새싹

음식은 궁합이다. 무얼 먹어도 골고루 먹으면 건강하다는 말은 잘못된 것이다. 아무리 좋은 음식이라도 자기 체질에 맞는 음식을 먹어야 소화, 흡수, 대사가 잘되어 약이 된다. 체질은 타고난 것이다. 그래서 우리는 나면서부터 몸이 원하는 음식을 먹게 되고 그것을 좋아하는 것이다.

다만 성장하면서 몸에 맞는, 몸이 원하는 음식을 즐겨먹지 않고 입에 맞는, 입맛에만 맞춘 음식을 먹어 버릇함으로써 체질이 혼탁해지게 되고 그런 상태에서는 더 맞지 않는 음식이 당기게 되어 건강이 나빠지는 것이다. 그러므로 몸이 원하는 음식과 입이 원하는 음식이 일치되어야 한다. 예를 들자면 아이들이 즐겨먹는 피자나 햄버거, 콜라, 라면의 경우 고소하고 달아서 입에서는 당기기 때문에 아이들이 즐겨 찾는다. 그렇다고 이 음식들이 좋은 음식인가?

새싹도 입에 맞는 것을 찾기보다 몸에 맞는 것을 찾아 먹어야 건강을 유지하고 몸의 밸런스를 지키는 데 도움이 된다.

*쉽게 알 수 있는 생태체질 분류 방법

체질 분류가 그렇게 쉬운 것은 아니다. 교과서처럼 이건 이것이고 저건 저것
이란 구분이 잘 먹혀들지 않는다.

사람은 누구나 나면서부터 음이든 양이든 다양한 기질적 특성을 갖고 출생한
다. 동식물도 마찬가지다. 사람뿐 아니라 모든 생명체는 무의식적으로 갖고 있
지 않은 성질을 취하려는 방향으로 움직인다. 따뜻한 기질을 가진 생명체는 서
늘한 환경조건을 취하려는 방향성을 갖게 되어 환경을 통해 자신의 특성을 찾
을 수 있게 되어 있다. 그러나 가공 식품 및 외식문화에 의해 그 방향성이 둔해
져 자신이 음체질인지 양체질인지 도무지 헷갈리는 사람들도 많다.

예전에는 사람의 이동이 제한적이었을 뿐만 아니라 섭취하는 음식물도 천연
적인 것을 단순하게 조리하여 섭취했기 때문에 몸이 맑았다. 그 결과 자연에
대한 생체 반응이 순수하여 스스로 체질을 찾기 쉬웠다. 그러나 이동이 많고
매식하는 습관이 많은 사람은 분류가 쉽지 않다. 직장 생활을 오래 한 사람들
도 그렇다. 어울리다보면 몸이 좋아하지 않는 음식을 먹게 되는 경우가 있다.
그러나 그것이 입에 익어서 좋아하는 음식이 된 경우도 자주 본다.

따라서 겉보기와 식습관을 보고 체질을 판별하는 것은 정확하다고 보기 어렵

다. 다만 필자가 제시하는 체질 분류법은 선천적인 특성을 이야기하는 것이므
로 아래 항목들을 체크하기 어려울 수도 있다. 어리고 순수할 때, 건강할 때를
기준으로 해야 한다. 혼동되고 어렵게 느껴지면 필자가 근무하는 한국섭생연
구원을 찾기 바란다. 본원에서는 태생적인 특성, 체내 항체반응, 섭취하는 음
식물과 혈액의 상태 등을 통해 과학적으로 분류할 수 있다.

올바른 섭생을 위한 체질 진단표

이 페이지는 나의 생태체질을 자가 분석하여, 나와 궁합이 맞는 음식물을 알수 있게 하기 위한 기본 설문이다.

이 코스는 한국섭생연구원에서 만든 자료이다. 기본 설문지에서 일부만을 발췌하였으니 보다 구체적인 자료가 필요하면 한국섭생연구원을 방문하거나 사이트를 찾아주기 바란다. (http://www.subseng.com/)

간이 체질 설문조사

이 설문조사 코스는 매우 건강한 사람을 기준으로 최소한의 문진으로 기본성향을 알아보기 위한 서비스입니다. 따라서 결과에 대한 신뢰수준이 낮을 뿐만이 아니라 제한적인 정보만 제공될 수밖에 없음을 밝힙니다. 보다 정확한 체질을 판정하기 위해서는,

– 내 몸의 소리인 음식물에 대한 반응체크

– 본래 타고난 심리적인 특성 파악

– 본래 타고난 형태적(외형적)인 특성 파악

– 본래 타고난 생리적인 특성 파악을 통해서만 가능합니다.

그러나 대부분의 사람들은 잘못된 식습관, 질환의 정도와 상태, 수시로 변하는 심리 상태, 헬스 등 각종 운동 등의 영향으로 체형이 변형되어 체질 판정이 어렵기 때문에 일반인들이 스스로 판단하기란 쉽지 않습니다. 다시 말해서 지

금의 모습이 본래의 것이냐 아니면 후천적인 것이냐를 판별하는 것은 전문가의 손을 빌릴 수밖에 없는 것입니다. 이 점을 유의해주시기 바랍니다. 아래 설문에서 위 칸에 응답한 개수를 음의 체질 개수, 아래 칸에 응답한 개수를 양의 체질 개수로 보고 자신이 어느 쪽에 주로 속해 있는지를 예측하시면 됩니다.

심리적인 특성

본인의 신앙, 가족, 직업에 따라 심리적인 성향과 행동양식이 바뀔 수 있습니다. 환경에 적응된 본인의 모습인가 진위를 파악하고, 본래 자연의 모습을 바라보는 것이 중요합니다.

질문1.　(　) 내성적인 면이 강하고, 혼자 있기를 좋아한다.
　　　　(　) 외향적인 면이 강하고, 사교적이다.

질문2.　(　) 매사에 신중하고 추진력이 좀 떨어지지만 꼼꼼하고 집중력도 있다.
　　　　(　) 재치와 순발력이 있으며, 솔직 담백하고 직선적인 성격이다.

질문3.　(　) 끊고 맺음이 확실하고 고집이 센 편이다.
　　　　(　) 끊고 맺음이 분명치 않아 손해를 보는 경우가 있다.

질문4.　(　) 자신을 잘 드러내지 않는 편이다.
　　　　(　) 할 말을 가슴 속에 잘 담아두지 못하는 편이다.

질문5.　(　) 평소에 말이 적은 편이지만 언어표현이 논리적이고 차분하다.
　　　　(　) 즉흥적으로 말하고 후회할 때가 많다.

질문6. ( ) 특별한 경우를 제외하고는 대체로 침착한 편이다.

( ) 특별한 일이 없을 때도 마음은 늘 서두르는 편이다.

질문7. ( ) 화를 잘 내지 않지만 한번 싫어지면 회복하기 어렵다.

( ) 쉽게 화를 내지만 쉽게 풀린다.

생리적인 특성

특별한 질병이나 생활태도에 따라서 바뀔 수 있습니다. 흔히 지금 나타나는 현상을 기준으로 삼는 경향이 있습니다만, 본인이 타고난 기초생리를 바탕으로 체크하여 주시기 바랍니다.

질문8. ( ) 간지럼을 잘 탄다.

( ) 간지럼을 잘 타지 않는 편이다.

질문9. ( ) 평소에 대변 상태가 묽은 편이다.

( ) 평소에 대변 상태가 굵고 된 편이다.

질문10. ( ) 추위를 많이 타는 편이다.

( ) 봄 여름철에 적응하기 어려운 편이다.

질문11. ( ) 평소 수분 섭취량이 적고 체온이 낮은 편이다.

( ) 평소 수분 섭취량이 많고 체온이 높은 편이다.

질문12. ( ) 옆으로 또는 엎드려 자는 편이다.

( ) 잠은 바르게 누워서 잔다.

질문13. ( ) 성욕이나 이성에 대해 민감성이 강한 편이다.

(　) 성욕이 약한 편이고 이성에 대해 다소 무관심하다.

질문14. (　) 머리가 작으며 목이 가늘고 비교적 긴 편이다.
(　) 체구에 비해 머리가 크고 목이 굵고 짧다.

질문15. (　) 어깨가 처지고 좁은 편이다.
(　) 어깨가 넓고 발달된 편이다.

질문16. (　) 허리가 굵고 엉덩이가 발달된 편이다.
(　) 허리가 가늘거나 보통이고, 엉덩이가 덜 발달된 편이다.

질문17. (　) 종아리와 발목이 잘 발달된 편이다.
(　) 종아리와 발목이 가는 편이다.

질문18. (　) 골격이나 몸집이 크거나 보통이며, 하체가 발달된 편이다.
(　) 크게 살찌지는 않으나 상체가 하체보다 발달된 편이다.

질문19. (　) 피부색이 누르거나 검은 편에 속한다.
(　) 피부색이 흰 편에 속한다.

음식물에 대한 반응

질문20. (　) 고구마나 밀가루 음식을 먹으면 속이 거북하거나 신트림이 난다.
(　) 찹쌀이나 감자를 먹으면 소화 장애를 느낀다.

질문21. (　) 돼지고기나 고등어를 먹으면 소화가 잘 되지 않거나 머리가 아프다.
(　) 쇠고기나 닭고기를 먹으면 소화 장애, 피부이상이나 전신피로를
느낀다.

질문22. (　) 커피, 녹차가 잘 맞지 않다.

(　) 인삼이나 녹용이 잘 맞지 않다.

질문23. (　) 동동주나 소주를 마시면 비교적 숙취가 덜하다.

(　) 맥주, 포도주, 양주를 마시면 비교적 숙취가 덜하다.

질문24. (　) 참외, 토란을 먹으면 속이 거북하고 감을 먹으면 변비가 생긴다.

(　) 미나리, 부추, 토마토를 먹으면 속이 거북하다.

질문25. (　) 콩, 보리밥을 먹으면 속이 거북하고 소화가 잘 안된다.

(　) 우유를 먹으면 소화가 잘 안되고 설사를 한다.

이 설문에 따른 귀하의 성향은 다음과 같습니다.

(　　)님은 음성의 성향의 묻는 문답에 (　)개, 양성의 성향의 묻는 문답에 (　)개를 선택하셨습니다.

따라서 귀하의 (　)의 성향이 상대적으로 많아 보입니다만, 자세한 사항은 전문가의 진단을 받으시길 바랍니다.

*음체질에 좋은 양성 음식

〈곡류〉

멥쌀 , 찹쌀 , 수수 , 조밥 , 현미밥 , 참깨

〈채소류〉

우뭇가사리, 파래, 고사리, 무, 죽순, 가시오가피, 고비, 고추, 고추냉이, 곰취, 김, 냉이, 느타리버섯, 달래, 당귀, 당근, 도라지, 돌나물, 두릅, 마늘, 물쑥, 미나리, 부추, 브로콜리, 비름, 비트, 생강, 석이버섯, 샐러리, 쑥, 쑥갓, 아스파라거스, 아주까리, 양파, 연근, 열무, 원추리, 참나물, 취나물, 치커리, 파, 파슬리, 파프리카, 표고버섯, 피망

〈육류 생선류〉

소, 닭, 농어, 미꾸라지, 민물뱀장어, 빠가사리, 민물참게, 빙어, 메기, 송어, 숭어, 쏘가리, 연어, 우렁이, 은어, 잉어, 재첩, 향어, 오리, 칠면조, 꿩, 양, 토끼, 염소, 개구리, 우유, 계란

〈과일류〉

파인애플, 복숭아, 잣, 레몬, 매실, 무화과, 살구, 석류, 수박, 아보카도, 아오리사과, 야자, 올리브, 유자, 탱자, 파파야, 홍옥사과

〈양념류〉

참기름, 고추장, 옥수수 식용유

〈기호식품〉 인삼

*양체질에 좋은 음성 음식

〈곡류〉

콩류, 밀, 보리, 팥, 녹두, 메밀

〈채소류〉

다시마, 미역, 양배추, 머위, 호박, 고구마, 시금치, 가지, 고들빼기, 근대, 깻잎, 더덕, 배추, 상추, 숙주, 씀바귀, 아욱, 야콘, 양상추, 오이, 완두콩, 우엉, 유채, 질경이, 청경채, 케일, 콩나물, 토란

〈육류 생선류〉

돼지, 개, 전복, 가다랭이, 가리비, 가오리, 가자미, 가재, 갈치, 게, 고등어, 굴, 까나리, 꼬막, 꼴뚜기, 꽁치, 낙지, 날치, 넙치(광어), 놀래미, 다랑어, 대구, 도다리, 도루묵, 도치, 돔, 망둥이, 명태, 문어, 미더덕, 민어, 바다뱀장어, 바지락(모시조개), 박대, 백합(대합), 밴댕이, 뱅어, 병어, 복어, 붕어, 삼치, 상어, 새우, 멍게, 멸치, 성게, 소라, 아귀, 양미리, 오징어, 우럭, 임연수어, 전복, 전어, 정어리, 조기, 주꾸미, 쥐치, 청어, 크릴, 피조개, 한치, 해삼, 해파리, 홍어, 홍합

〈과일류〉

바나나, 감, 포도, 귤, 다래, 대추, 딸기, 망고, 머루, 메론, 모과, 배, 버찌, 부사사과, 산딸기, 앵두, 오디, 오렌지, 자두, 자몽, 참외, 키위

〈양념류〉

콩기름, 들기름

〈기호식품〉

커피, 녹차

〈기타〉

된장, 칡, 두부, 청국장

*음체질에 어울리는 새싹채소

위에서 살펴본 것처럼 음체질의 경우 몸에 어울리는 채소가 따로 있으니 가급적 음체질에 맞는 채소를 골라 섭취하는 것이 좋다.

〈곡류〉

멥쌀, 찹쌀, 수수, 조, 현미, 참깨가 좋다. 이 작물들은 다 새싹으로 재배할 수는 있으나 현미, 조 등이 인기 있는 품목이다.

〈채소류〉

바다에서 나는 우뭇가사리, 파래, 톳, 김 등과 고사리, 무, 죽순, 가시오가피, 고비, 고추, 고추냉이, 곰취, 김, 냉이, 느타리버섯, 달래, 당귀, 당근, 도라지, 돌나물, 두릅, 마늘, 물쑥, 미나리,

부추, 브로콜리, 비름, 비트, 생강, 석이버섯, 샐러리, 쑥, 쑥갓, 아스파라거스, 아주까리, 양파, 연근, 열무, 원추리, 참나물, 취나물, 치커리, 파, 파슬리, 파프리카, 표고버섯, 피망 등이 음체질에 좋다. 이 가운데서도 무와 브로콜리, 비트, 샐러리, 쑥, 알팔파싹 등이 인기 있는 새싹 품목이다.

*양체질에 어울리는 새싹 채소

양체질로 판정이 난 사람은 다음 음식을 주로 먹는 것이 좋다.

〈곡류〉

콩류, 밀, 보리, 팥, 녹두, 메밀 등이 양체질에 맞는다.

〈채소류〉

바다에서 나는 다시마 미역과 양배추, 머위, 호박, 고구마, 시금치, 가지, 고들빼기, 근대, 깻잎, 더덕, 배추, 상추, 숙주, 씀바귀, 아욱, 야콘, 양상추, 오이, 완두콩, 우엉, 유채, 질경이, 청경채, 케일, 콩나물, 토란 등이 양체질에 어울린다. 이 가운데 콩류와 양배추싹, 양상추싹, 케일싹, 배추싹, 해바라기싹, 보리싹, 밀싹, 땅콩싹 등이 인기품목이다.

5. 특선 정보, 보리싹과 청즙의 비밀!

보리는 벼목 벼과의 두해살이풀이며 대맥이라고도 한다. 성질은 차서 양체질만이 섭취할 수 있다. 우리나라는 오래 전부터 벼와 보리를 주식으로 해왔으나, 1980년 이후 소비량이 크게 줄어 생산량도 감소하고 있다. 과거엔 쌀과 섞어서 주식으로 이용했으나 보리 알갱이 속에 섬유소가 많아 소화가 잘 안되고 먹기가 껄끄러워 지금은 납작보리로 만들거나 보리알의 홈을 따라 쪼갠 다음 도정해서 쌀 모양의 할맥으로 만들어 먹는다.

정맥은 약 10%의 단백질을 함유하며, 충분히 정백되지 않은 정맥은 비타민 B_1을 함유하여 백미와 섞어서 먹으면 영양상 매우 좋다. 옛날부터 각기병 예방에 보리밥을 권장한 것은 이 때문이다.

그런데 아무래도 보리를 그냥 먹는 것은 씹기도 부담스럽고 특히 음인들에게는 위속에 가스가 차고 소화가 안 되는 음식이다. 그래서 등장한 것이 대맥 발아식품이다. 쉽게 말하면 보리싹이다. 보리싹을 새싹재배해서 즐겨 먹으면 입속에서의 껄끄러움이나 소화 문제, 가스의 문제점을 확실하게 제거할 수 있다.

보리싹은 생으로 먹을 수도 있고 청즙으로 만들어 먹으면 향이 좋고 소화가 잘돼 일찍부터 일본에선 건강식품으로 각광받고 있다. 요즘은 간편하게 분말로 공급하는 곳도 많다. 보리싹은 새싹채소는 아니다. 굳이 말을 붙이자면 새싹 곡류일 것이다. 그러나 효능 효과는 새싹채소와 거의 다르지 않고 맛이나 향도 좋다.

*보리 새싹이란 무엇인가?

보리를 베란다 텃밭에 심어 새싹이 돋아날 때 바로 먹거나 청즙을 내 마실 수 있다. 일본의 하기하라 요시히데 박사는 보리싹과 청즙에 대해서는 학계의 권위자로 인정받고 있다. 그는 곡류와 채소류의 새싹 작물 가운데 보리싹이 가장 인체에 유익하다고 강조한다. 그는 일본 남서부의 한 농촌을 방문한 자리에서 호밀과 귀리의 효능을 듣고 힌트를 얻어 작물류의 성분에 대한 분석을 실시했다. 그 결과 채소류와 곡류의 새싹들 성분이 인체에 유익하며 특히 그중에서도 보리싹이 생리활성 성분이 풍부해서 특용 작물로 사업 성공화가 가능하다고 전망했다. 일본 시장에선 보리 새싹에 대한 연구가 활성화되어 이미 보리 새싹이 생식과 청즙, 분말로 가공식품화되어 시장에 다양하게 선보이고 있고 소비자들도 즐겨 찾게 되었다.

보리싹은 보통 서늘한 기온에서 예를 들자면 15℃정도의 서늘한 상온에서 싹을 틔워 자란다. 새싹은 보리가 성장했을 때처럼 까칠까칠하지 않고 입이 매끈하기 때문에 식용으로 부족함이 없다.

보리 새싹은 우리나라에선 아직 상용화되었다고 보기 어렵지만 일본에선 식용 작물 가운데 최고 인기 품목 중 하나이다. 다양한 영양소와 건강물질이 풍부하고 질병예방과 면역력 증강에 도움이 되는 물질이 고루 들어 있기 때문이다.

*보리싹과 보리싹 청즙으로 만성병을 예방한다

하기하라 박사의 실험에 따르면 보리 새싹에는 우유의 55배 이상, 시금치의 18배 이상 되는 칼륨과 우유의 11배가 넘는 칼슘이 들어 있다고 한다. 알려진 자료들을 보면 보리 새싹으로 만든 청즙은 성장 호르몬 분비를 촉진하여 성장을 돕고, 면역기능을 강화하며, 강력한 항산화 작용을 한다.

국내 자료가 마땅치 않아 일본측 자료를 빌리자면 보리 새싹을 먹은 만성병 임상 체험자들이 가족들 알레르기를 고쳤다든지, 감기가 자주 걸리던 아이들이 건강해졌으며, 아토피 증세 등 피부 트러블에서 벗어났다고 고백하고 있다. 3개월을 먹고 나서 혈압이 떨어졌다는 보고도 나와 있다.

일본의 세키구치 히로유키 원장(若葉기념병원)은 최근 이 분야의 권위자로 알려져 있다. 그는 일본 의사들이 요즘 보리 새싹 요법을 권장하고 있다고 말한다. 세키구치 원장은 일련의 질병이 생활 습관에서 온다고 지적한다. 특히 보리 새싹은 천연 식품이므로, 비타민과 미네랄을 단독으로 구매해 먹는 경우와 비교해보더라도 과잉섭취로 인한 부작용이 거의 없다고 말한다.

보리 새싹에 들어 있는 식물 섬유는 놀랄 만한 기능을 갖고 있는데 그것을 한마디로 정리하면 '억제와 조절' 기능이다. 그 내용을 보면 먼저 칼로리의 과잉섭취를 억제한다. 식욕도 컨트롤해준다. 장을 깨끗하게 해주고 장 운동을 정비해준다. 배변을 부드럽게 하므로 몸을 가뿐하게 하고 장내에 존재하는 좋은 세균들을 강하게 해준다. 또 혈압을 낮춰주고 콜레스테롤 흡수를 억제하고 중성지방을 감소시켜 주며, 혈당치 상승을 억제해준다. 발암 물질과 유해 물질을 몸 밖으로 배출시키며 노화를 막고 피부도 깨끗하게 해준다. 이런 역할들로 면역력을 높여주는 것이 보리 새싹의 강점이다.

이를 정리해보면 대장암, 당뇨병, 고혈압, 유방암, 피부 트러블, 동맥경화, 비만, 변비, 자궁암 등의 질병 예방에 큰 도움이 된다. 그러나 성질이 차므로 양체질에게만 해당되는 내용이다.

*도표로 보는 보리싹 청즙의 구체적 효능

보리 새싹은 시금치나 바나나, 토마토, 귤, 양배추에 비해 월등히 영양소가 많은 것으로 나타난다. 그러나 이 성분 분석은 세키구치 원장이 발표한 수치여서 우리나라 지질이나 환경, 기후 등의 차이가 있어 약간의 가감은 있을 것으로 생각된다. 이 도표에 의하면 보리 새싹은 다른 어떤 작물보다 구성 성분이 우수하여 약리 작용이 뛰어난 것으로 판단된다.

- 노화와 암, 동맥경화를 막는 항산화물질

	구체적 성분	보리 싹에 존재 유무
항산화 효소	SOD(슈퍼옥사이드 디스뮤타제)	O
	카탈라제	-
	글루타치온 퍼옥시다제	O
항산화 비타민	카로틴(비타민 A)	O
준항산화 비타민	비타민 B$_2$	O
	비타민 C	O
	비타민 E	-
항산화 미네랄	셀렌	O
폴리페놀(색소성분류)		

+SOD : 활성산소를 제거시키는 효소(Superoxide Dismutase)의 약자로서 몸 안에 필요
이상의 활성산소가 생겼을 때 이것을 중화 시키는 물질

- 보리 새싹 성분분석(100g 성분)

시험 항목	분석시험결과	시험항목	분석시험결과
에너지	325kcal	엽산	650µg
단백질	29.7g	베타카로틴	12000µg
지방질	6.8g	나이아신	5.4mg
당질	12.6g	칼슘	500mg
나트륨	112mg	마그네슘	190mg
식이섬유		칼륨	2200mg
수용성식이섬유	2.6g	인	410mg
불용성식이섬유	44.6g	아연	4.2mg
비타민 B$_1$	0.8mg	동	1.11mg
비타민 B$_2$	2.03mg	철	48.9mg
비타민 B$_6$	0.96mg	엽록소	824mg%
비타민 B$_{12}$	0.5µg	SOD	4600단위

비타민 C	117㎎	전폴리페놀	0.98g
비타민 E	7.7㎎	카페인	-
펜토텐산	4.33㎎	베타글로칸	7200㎎
루테인	34.9㎎	옥타코사놀	13㎎
카로틴	17,500㎍	글루콘산	5,500㎎
비오틴	14㎍	카테킨총량	120㎎
		2004.3.3 현재	야마모토한방제약 제공

〈자료: 세키구치 히로유키 원장〉

- 최근 밝혀진 또 다른 유효 성분

바다를 건너 수천 킬로미터를 날아가는 철새들의 스테미너를 보며 연구한 끝에 밝혀낸 연구결과를 보면 옥타코사놀 성분이 주 원인이었다고 한다. 이 성분은 체력 증강과 지구력 향상, 반사운동 능력 제고, 스트레스 완화 작용 등을 하는 것으로 알려졌다. 미국에선 이미 이 성분을 사용하여 스테미너 강장제를 실용화한 상태이다.

노화의 주범은 활성산소이다. 보리 새싹에는 활성산소를 없애주는 SOD와 글루타치온 퍼옥시다제가 충분히 들어 있다. SOD는 카타라제, 글루타치온 퍼옥시다제와 함께 대표적인 항산화 효소 성분이다. SOD가 유명해진 것은 체내에 SOD 함유량과 장수와의 상관관계가 있음이 밝혀지면서부터이다. 보리 새싹에는 이 성분이 들어 있어 우리 몸의 장수에 직접적인 영향을 미치는 것으로 밝혀지고 있는 것이다.

– 보리 새싹을 먹는 법

보리 새싹은 생각만큼 먹기가 쉽지 않으나 그래도 밀 새싹보다는 훨씬 낫다고 한다. 보리 새싹은 씹어본 사람은 알지만 맛이 쓰다. 그래서 보통은 청즙을 내서 마심으로써 영양소를 섭취한다. 즙을 내어 바로 마시지 않으면 영양소가 파괴되므로 가능한 한 빨리 마셔야 한다. 이것도 마시기 싫어하는 사람을 위해 분말 가루로 만든 제품도 나와 있다. 어느 쪽이든 섭취하는 쪽이 섭취하지 않는 쪽보다 훨씬 건강에 좋다는 것은 확실하다.

6. 특선 정보, 발아현미의 비밀!

현미는 말 그대로 검은 쌀이다. 그러나 현미나 백미나 같은 쌀이다. 다만 백미는 몇 가지 공정을 거쳐 껍데기를 벗겨내고 도정을 한 것일 뿐이다. 쌀은 원래 건조된 상태에서도 단단한 껍데기에 싸여 있다. 이 상태에서 왕겨라 부르는 벼 껍데기만 벗긴 것이 현미이다. 이를 흑미라고도 부른다. 현미는 백미보다 충해와 미생물의 공격을 덜 받기 때문에 보관하기 편하다. 그러나 씨앗 속의 지방이 효소의 일종인 리파아제로 분해되기 때문에 백미에 비해 맛이 떨어진다. 또 백미처럼 껍데기가 부드럽지 않아 밥 짓기도 불편하고 맛도 상대적으로 떨어진다.

현미는 한 꺼풀 벗겨내도 과피와 종피, 호분층 따위로 다시 단단하게 싸여 있다. 그만큼 씹기가 힘들고 밥 짓기와 소화시키기도 힘들다. 우리가 7분도 쌀이라고 부르는 쌀은 백미보다는 못하지만 호분층까지 일부 벗겨낸 쌀로 이 정도만 되어도 먹기가 훨씬 편해진다. 5분도 쌀은 종피를 절반 정도 벗긴 쌀이고 3분도 쌀은 현미 바로 밑의 과정을 밟은 쌀로 과피를 다 벗기고 종피 일부를 벗긴 쌀이다. 그러니 분도가 높을수록 밥맛은 좋고 영양가는 떨어진다.

현미 100g에는 단백질(7.4g) 지질(3.0g) 당질(71.8g) 비타민 B_1(0.54mg) 섬유질(1.0g) 회분(1.3g) 수분(15.5g) 등이 함유돼 있으나 현미를 먹는다고 곧바로 소화로 이어지는 것은 아니다. 밥을 지을 때부터 압력을 더 가해야 하고 먹어도 소화 능력이 약해 30% 이상 영양소를 소화시키기 쉽지 않다. 이 때문에 최근에는 현미밥을 위한 압력 취사과정이 입력돼 있는 밥통이 공급되고 있다. 현미의 소화를 높이기 위해 개량 현미도 여러 형태로 선보이고 있다.

그러나 소화에 가장 좋은 상태는 발아현미라고 할 수 있다. 막 싹을 틔운 현미는 처음엔 좀 거슬릴 수도 있다. 그러나 영양 상태는 현미나 백미를 포함해 가장 뛰어나고 질병 예방과 성인병 치료 및 면역력 제고에 탁월한 기능을 갖는다. 그러나 현미는 양 성질로 양인들은 소화가 안 되고 음인들에게 소화, 흡수가 잘되는 식품이다.

*발아현미의 장점

발아현미는 현미쌀을 물에 담가놓고 하루나 이틀 혹은 좀더 기다려보면 만나게 되는 현미 새싹이라 할 수 있다. 앞에서도 언급했지만 현미는 너무나 단단한 껍질로 둘러싸여 있다. 호두 껍데기에 버금갈 정도로 단단하다. 그러나 현미의 싹은 그 단단함을 꿰뚫고 밖으로 자기 얼굴을 내민다. 그러니 얼마나 그 힘이 대단한 것인가? 그 생명력이 바로 발아현미 상태 그대로 담겨 있다. 싹을 내는 순간 기적이 일어나는 것이다.

싹이 나오게 하기 위해 현미가 제 모습을 바꿔버리는데 이때 효소가 나타나고 씨앗이 부드러워지며 맛이 좋아진다. 맛이 좋아진다는 것은 소화하기 좋게 조직이 바뀌었음을 이야기하는 것이다. 이때는 취사가 현미 때와는 비교도 되지 않게 쉬워진다. 백미 취사나 발아현미 취사는 어떤 솥이든 가능하다. 현미는 미리 물에 불려놓거나 압력밥솥을 쓰지 않으면 취사가 어렵지 않은가.

발아현미의 특장점은 이때 다 선을 보인다. 이 변화는 아예 종자의 변화라고 부를 만큼 새로운 체질로 나타난다. 종자 속의 영양소는 가장 극적인 변화를 맞아 새로운 에너지로 바뀌고 앞에서도 언급했던 단백질, 비타민, 미네랄, 아미노산 등의 수치가 급격하게 향상된다. 이 상태는 눈으로 볼 때, 싹눈이 겨우 껍질 밖으로 모습을 드러냈을 때 쯤(1~5mm 정도)을 이야기한다. 더 자라 8~10mm 정도 되면 영양소는 조금씩 줄어든다. 뿌리가 나타나면 영양소는 뿌리와 잎으로 갈라져 더 이상 발아 현미의 장점이 없어진다는 점에 유의해야 한다.

문제는 싹이 난 쌀은 계속 자란다는 것이다. 그래서 가장 적당한 상태에서 성장을 멈추게 하는 기술이 개발됐다. 냉장 냉동 기술 및 쌀 유통 체인이 좋아져서 발아현미 상태에서 영양소와 형태 그대로를 보존할 수 있게 된 것이다.

*발아현미의 효능

발아현미는 그냥 현미에 비해 화학적으로 상당한 변화를 가진다. 현미가 딱딱한 껍질에 싸여 소화가 힘들지만 발아현미는 소화 효소가 200배 이상 증가하여 껍데기가 부드러워지고 맛이 좋아지며 구수한 냄새가 난다. 이를 씹으면 현미와는 비교도 되지 않게 소화가 잘된다.

발아가 되면 비타민, 무기질 등의 영양소와 식이섬유가 증가하며 몸에 좋은 각종 효소가 생겨난다. 구체적으로는 발아현미에는 흰쌀보다 식이섬유가 3배, 칼슘이 5배, 비타민이 5배 더 들어 있으며 식물성 지방은 2.5배가 넘게 함유되어 있다. 특히 이 중에서 발아현미 100g에 들어 있는 비타민 B_1은 쇠고기 두 근, 김 50장에 들어 있는 양과 맞먹는다. 게다가 흰쌀보다

무려 10배, 현미보다는 3~5배나 많은 '가바' 성분이 들어 있다.

　또한 발아현미에 풍부한 식물섬유는 중금속을 배출시키고 과도한 영양소를 배설시켜 비만을 막고 콜레스테롤 수치를 정상으로 유지시킨다. 혈압, 당뇨병, 심장병 등 성인병에 도움이 된다. 발아현미에 많은 가바(GABA)-피페리딘산이라는 아미노산의 일종으로 뇌에 산소 공급량을 증가시켜 뇌세포 대사 기능을 촉진시킨다- 양은 백미의 10배, 현미의 2.8배나 된다. 이 성분이 고혈압을 예방하고 신경계를 안정시켜 스트레스 해소는 물론, 정신을 안정시키는 작용을 한다. 그래서 발아현미는 비만이나 변비로 고생하는 사람, 집중력을 요하는 수험생, 스트레스를 많이 받는 사람에게 특히 좋다.

　현미가 발아하면서 나타나는 또 하나의 변화는 효소 피타제의 작용으로 피틴산과 미네랄이 떨어져 나와 결장암, 간장암, 폐암 등 암에 효과가 있다고 한다.

　이 밖에도 동맥 경화 방지, 마그네슘·칼륨·칼슘·아연·철 등의 흡수율 증가로 인한 동맥경화 예방 치료, 우울증 치료에 효과가 있다고 보고되고 있다. 그러나 현미는 양성 식품이므로 음인이 섭취할 때 그 효과를 맛볼 수 있다.

현미

*보고사례들

발아현미의 장점이 알려지면서 한 우유업체가 발아현미 우유를 공급하기 시작해 선풍적인 인기를 모으고 있다. 발아현미는 이제 전국적인 인기를 모으는 건강 식품군에 들어가 있다. 먹거리가 불안하고 건강에 대한 국민적 관심이 커지고 있기 때문이다.

발아현미를 먹은 사람들은 이구동성으로 자신의 건강에 대해 이야기한다. 우선 가장 많은 사례로 꼽는 것이 변비 탈출이다. 발아현미는 식물성 섬유가 풍부하여 소화를 도와주는 데다 배아 상태의 섬유소가 그대로 배출되며 장을 청소해주기 때문에 변비가 예방되고 치료가 이루어진다.

또 고혈압 환자들이 치유되었음을 인정하는데 아직 정확한 학술적 분석은 나오지 않고 있다. 이 밖에 비만 감소와 체중 조절 성공, 피부 기능의 정상화, 비염이 좋아지고 당뇨 수치가 내려갔다는 보고도 있다.

*발아현미로 밥짓기

백미는 죽은 쌀이고 현미는 살아 있는 쌀이라고들 한다. 그러나 이런 진실을 알고서도 현미밥을 먹기 시작한 대부분의 사람들은 꺼칠꺼칠한 질감과 독특한 냄새, 소화불량에 걸릴 것 같은 이상한 느낌 등으로 이내 먹기를 포기하고 만다. 현미는 그만큼 먹기가 쉽지 않은 것이 사실이다.

그러나 발아현미는 그런대로 먹기가 괜찮다. 백미보다야 못하지만 건강을 생각해 자꾸 먹다보면 익숙해지고 다음부터는 자꾸 찾게 된다.

싹은 1mm 길어도 2,3mm 정도에서 성장을 정지시키는 것이 좋다.

싹이 난 현미는 그냥 먹어도 된다. 발아현미 생식법이다. 입에 넣고 오래 씹으면 단맛과 고소한 맛이 교차되며 향긋한 벼 냄새를 맡을 수 있다. 발아현미 상태로 밥을 지어 먹을 수도 있다. 많은 사람이 발아현미와 백미를 섞어서 밥을 짓는다. 먹는 맛과 건강을 함께 생각하기 때문이다.

어느 과정으로 밥을 짓든 발아현미를 먼저 만드는 것이 중요하다. 27~28도 정도 흐르는 물에 담가두든지 자주 물을 갈아준다. 24시간 정도면 발아가 된다. 새싹이 보이면 더 크게 자라지 않게 냉장고에 보관해주면 일주일이고 먹을 수 있다. 잠시 생장을 정지시켜 두는 셈이다.

먹는 방법은 매우 다양하지만 주로 라이스 샐러드, 수프, 오곡밥 등을 만들어 섭취할 수 있을 것이다.

2장

도전! '새싹 키우기'

자, 이제는 새싹 채소의 장점을 있는 대로 배웠으니 다음 순서로 새싹 키우기에 들어갈 시점이다. 새싹 키우기는 부담이 전혀 없는 좋은 취미 활동이자, 소일거리이며 좋은 식습관을 만드는 것이다.

1. 종자 고르기

*코리안 다챠의 건설!

옛 소련 사람들은 – 요즘 러시아도 마찬가지지만 – 정부가 도시인들에게 집단 주택만 공급했기 때문에 시민들이 교외에 조그만 땅을 얻어 '다챠'라는 아주 작은 별장을 만들어놓고 있었다. 별장이라 하지만 우리나라처럼 우아하고 돈을 들인 고급스런 별장 분위기는 아니고 주말이면 정원 텃밭을 일구며 휴식을 취하는 소박한 공간이다. 이들은 이곳에서 갖가지 화초와 채소를 가꾸며 그곳에서 얻은 청정 채소와 과일을 먹고, 남으면 자유 시장에 나가 팔기도 했다.

러시아는 땅덩어리가 넓어서 이런 다챠가 전국적으로 성행했는데 우리는 국토가 좁아서 그런 여유를 부릴 공간이 없다. 주말 농장을 빌려 농장에서 땀을 흘려 얻은 채소를 먹는 사람들도 늘어나고 있지만 아무래도 우리나라의 국토 실정상 또 주말의 교통체증 현실에서 쉬운 일은 아닌 듯하다.

그래서 필자가 제안하는 것이 '코리안 다챠의 건설' 이다. 건설이라니까 대단히 거창해 보이지만 베란다에 너도나도 텃밭 하나씩만 만들어두자는 것이다.

지금은 우리가 할 수 있는 일이란 화분 몇몇을 두고 관상용으로 즐기는 것이 고작이다. 그러나 새싹채소를 키우기 시작하면 베란다만큼 효용성 있는 곳도 없을 것이다. 양달에 햇볕도 잘 들고 통풍도 되며, 농약으로 인한 화학비료 걱정도 덜 수 있으니 완벽한 실내 다챠인 셈이다.

특별한 기술 없이 특별한 장소 없이 생명체의 특성을 그대로 살린 토종 채소 농사를 지어 건강을 지키자는 데 이의를 제기할 사람은 아무도 없을 것이다.

*왜 키우는가

먼저 꿈을 키우기 위해서이다. 아주 맑고 깨끗한 새싹채소, 우리가 흔히 먹는 상추를 예로 들어보자. 아침마다 베란다 문을 열고 텃밭에서 상추를 거둬 그대로 밥상에 올린다. 온 가족은 건강에 대한 염려를 털어버리고 기분 좋은 아침 밥상으로 하루를 시작한다. 하루가 즐거워지니 직장도 즐거워진다. 직장이 즐거워지니 사회가 건강해지고 나아가 나라가 건강해진다.

이런 꿈이 있으면 조금의 수고나 꼼지락거림은 흔쾌히 받아들여질 것이다. 목표가 없으면 어느 일이든 계속할 수가 없다. 새싹은 특히나 그렇다. 문만 열고 나가면 널린 게 슈퍼이고 차만 타고 나가면 할인마트에 백화점 식품 코너가 흔하다. 금방 사먹을 수 있는 갖가지 채소들을 뭐 하러 수고하며 키우는가에 대한 명확한 목표 설정이 있어야 오래도록 새싹 키우기에 성공할 수 있다는 말이다.

그렇다고 개인이 건강해지는 데 나라를 들먹일 것까지는 없겠으나 개인이 건강해지면 건강보험료의 지출이 줄어들고 국가 예산이 덜 쓰이고 그 여력으로 더 좋은데 투자할 수 있으니 일석삼조이다. 가족이 덜 아파서 스트레스 덜 받으니 직장도 사회도 분위기가 좋아지고 생산성도 높아진다.

어떤가? 우리의 작은 노력은 결과적으로 내 가족의 건강뿐 아니라 나라도 건강하게 만드는 것이다.

*무엇을 키울 것인가

그럼 어떤 새싹채소를 먹어야 하는가? 그건 1장에서 이미 음체질과 양체질의 구분을 통해 새싹들을 분류해 놓은 바 있다.

그런데 새싹들은 맛이 조금씩 다르므로 키울 때 조화롭게 키우는 것이 무엇보다 중요하다. 새싹 키우기는 단독으로 키우기와 섞어서 키우기가 있다. 초보자들은 욕심내지 말고 한 종만 먼저 키워보는 것이 좋다. 그것이 어떤 종류이든 책에 써진 것만 보지 말고 직접 해보는 것이 가장 중요하다. 어떤 사람에게는 향이 좋고 맛이 강하다고 좋아할 작물들도 어떤 이에게는 너무 자극적이고 매워서 먹지 못한다. 사람의 체질은 같은 채소도 맛을 다르게 느끼게 만든다.

단독으로 키우는 것은 아무런 문제가 없다. 잘못 키워도 그 종만 죽일 뿐이다. 그러나 혼합하면 서로 간섭하는 경향이 있어 자칫 기대한 만큼의 수확을 못 거둘 수도 있다.

새싹의 맛을 모르는 사람들은 이렇게 생각하면 된다. 봄에 된장을 끓일 때 겨우내 묵은 된장이라 뭔가 좀 텁텁한 것 같고, 구수하면서도 감칠맛이 부족한 듯할 때 우리는 냉이 싹을 넣는다. 막 싹이 난 쑥을 약간 넣기도 한다. 금방 된장의 향내가 신선해지고 봄나물의 진한 향내가 방안과 우리 입안 가득히 차게 된다. 춘곤증을 벗어버리고 건강을 되찾게 된다. 이것이 바로 새싹의 효과이자 맛이다.

묵은 김장김치만큼 구수하고 깊은 맛은 없을 것이다. 그러나 봄에 막 난 채소의 겉절이는 어떤가? 신선한 봄 향기가 배어 입안과 몸의 겨울 때를 살포시 밀어내버리는 효능을 맛볼 수 있을 것이다.

새싹은 이런 맛에 먹는다. 그러면 어떤 새싹을 골라야 할 것인지를 결정하자.

- 단독재배의 경우

단독재배는 본인의 입맛에 따르는 것이 좋다. 완전 초보라면 우리가 흔히 먹어본 채소류가 낫다. 입에 안 맞는 채소나 곡류를 새싹으로 키웠다가 첫 입맛을 버려놓으면 다시 도전해보기란 여간 어려운 일이 아닐 것이다. 필자라면 우리 입에 익은 양상추나 배추, 무싹, 메밀싹 등을 골라볼 것이다. 양상추나 배추야 식탁에서 자주 먹는 채소들이라 별 무리가 없을 것이고 새싹의 맛 또한 너무 자극적이지 않고 향기로워 초보들에게 권하고 싶다.

그러나 기본적으로 새싹은 약간 매운맛이나 쓴맛이 나는 게 보통이라 생식보다는 샐러드로 혹은 요리를 해서 먹기도 한다.
무싹이나 메밀싹은 일식집이나 횟집, 기
타 전문요리집에서 맛을 본
사람들도 적지 않을 터이
니 이 또한 초보용으론 괜
찮을 듯싶다.

- 혼합재배의 경우

어떤 새싹 채소든 발아, 즉 싹을 틔우는 데는 24시간이 지난 2,3일 늦어도 4,5일이면 된다. 이를 수확하는 기간은 좀 더 길어 빠른 것은 5~7일, 늦은 것은 9~10일 정도 걸리며 더 늦는 경우도 있다. 이 수확 기간도 재배시 충분히 고려

할 필요가 있다.

혼합해서 키우려면 고민을 좀 해봐야 한다. 시중에 새싹 혼합 키우기에 대한 여러 가지 이설이 있는데 모두가 키우는 사람과 집필자의 개성이 한껏 드러나 있는 것이라 여러분과 잘 맞는다고 하기 어렵다.

혼합 키우기는 한 바구니나 한 용기에 구역을 미리 정해서 키우면 별 무리가 없을 것이다.

다만 어떤 종류로 어떻게 혼합하느냐가 관건이다. 대개의 경우 같은 과들(음·양 성질)끼리 모으거나 향이 비슷한 것들을 모은다. 발아 비율이 대단히 중요한데, 발아 비율이 낮은 종은 한데 섞으면 수확에 문제가 생긴다. 또한 성장률이 비슷한 것끼리 묶는 방법도 좋다. 완전한 전문가가 되면 바구니나 용기 안에 구역별로 열을 세워 계속해서 순차적으로 새싹을 얻도록 할 수도 있다. 그러나 이것도 조심하지 않으면 썩어버리거나 수확이 신통치 않게 되는 어려움이 있다.

성질별로 분류하자면 무 종류는 모두 비슷한 성질을 띠고 있어서 한데 모아 재배해도 큰 문제가 없다. 샐러드용으로 키울 수 있는 상추, 배추, 적양배추(적채) 등도 한데 모아서 나쁠 것이 없다.

성장 기간별로 분류해서 이들을 모아보면 다음과 같이 정리된다. 가장 흔하게 재배할 수 있는 식물이 곡류 일반과 무 종류이고 수확도 빠르다. 아래 표를 보고 입에 맞는 혹은 기능에 맞는 작물을 선택하면 된다.

수확기간별 분류

(이 조건은 여름과 겨울에서 하루 이틀 정도 차이가 난다. 온도와 밀접한 관계가 있으며 처음 성장기간을 표시한 것이므로 그로부터 며칠간은 수확해도 좋다. 성장을 정지시키려면 냉장고로 이동시켜야 한다. 또 유리병이나 싹채소용 바구니 또는 용기에 따라 성장 기간에 차이가 있고 씨앗의 품종에 따라 차이가 나기도 한다. 따라서 이 표는 참조만 할 것이며 실제 재배시에는 조건에 따라 상당한 차이를 보임을 주의해야 한다.)

재배 기간별	종류	맛	효 능
2~5일 수확종	밀 2,3일	달지만 먹기 어려움	혈액 정화, 배설과 배뇨에 도움
	카무트밀 3일	맛이 좋음	혈액 정화, 배설과 배뇨에 도움
	연작밀 3,4일	밀과 비슷	혈액 정화, 배설과 배뇨에 도움
	보리 3,4일	쌉싸름, 단맛, 상쾌함	바이러스 감염과 암 예방, 노화 방지
	대두 3,4일 붉은콩 3,4일 완두콩 3,4일 렌즈콩 3,4일	팥, 붉은 콩 등 작은 콩은 생식가능 완두, 대두는 익히는 것이 좋음	혈액 정화, 배설과 배뇨에 도움 위와 장의 소화 촉진 콜레스트롤 감소 효과 혈당과 심장 질환에 도움
5~6일 수확종	무	맵고 톡쏘는 맛	체내 열제거, 부기 감소, 폐활동 강화
	적무	무와 비슷함	소염 소화력 강화, 냉증, 신경통에 효과
	순무	매움	간염, 황달에 좋고 해독 소염 작용이 강함
	겨자	강한 매운맛, 특유의 향	카토린 다량 함유, 어독을 풀어줌
	배추	구수한 향내, 시원함	변비 제거와 위장 장애 개선
	적양배추	배추보다 약간 단맛	노화 방지, 수은 중독방지, 간기능 회복 효과
6~7일 수확종	브로콜리	아삭거림, 생식땐 약간 매움	항암 기능에 탁월한 효과
	알팔파	순함	배변과 피부 미용에 효과
	크레스	순함	간기능 회복, 피 정혈, 피부에 좋음
	다채/설채	순함	야맹증과 예방에 좋다
8~10일 수확종 및 그 이상	호로파	쓴맛이 강함	소화를 돕는 기능, 강장제, 빈혈에 좋음
	메밀싹	달고 향긋함	혈관 질환자에게 도움
	해바라기	고소한 맛	칼슘 성분으로 뼈를 튼튼하게 함. 근육조직 유익
	마늘싹 14일	맵고 강함	감기 예방, 항암효과

체질 요리별 분류

요리별로 분류해서 키울 수도 있다. 먹거리를 위한 재배이므로 어쩌면 이것이 가장 현명한 분류법이라 할 수 있을지도 모른다. 예를 들자면 최근 새싹채소 공급처에서 팔고 있는 씨앗 분류로, 새싹 비빔밥용 채소류로는 브로콜리·무순·유채·다채 등을 같이 키우는 것이다. 또 샐러드용 새싹으로는 배추·상추·적양배추·브로콜리·무 등의 싹을 같이 키우는 것이다.

또 국이나 된장, 찌개류 등에 넣어 먹을 수 있는 요리용 새싹은 배추·완두콩·알팔파·다채·콩나물·들깨 등의 싹이 있다. 이 밖에도 무침류 새싹요리로는 콩나물·참죽·무·아스파라거스 등의 싹을 같이 키워 먹어도 좋다. 그런데 이 모든 채소는 음양의 성질을 갖고 있으므로 음인과 양인이 키울 채소의 종류가 같을 필요가 없을 것이다. 그러나 가족들이 음양이 교차한다면 함께 키워도 무방할 것이다.

과별 분류

새싹 채소와 곡류를 과별로 분류하면 배추, 콩, 화본, 백합, 국화 등으로 나눌 수 있다. 가장 많은 새싹채소가 분포한 배추과에는 브로콜리·배추·무·순무·강화순무·다채·청경채·케일 등의 싹이 있다. 콩과에는 콩나물싹 일반 대두와 완두콩싹 등 콩류의 대부분, 알팔파싹·클로버 등의 싹이 있다. 화본과는 주로 곡류를 말하며 보리·밀·옥수수과 메밀 등의 싹이 있으며, 국화과는 해바라기 싹이 있다.

2. 건강한 종자 구분법

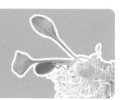

현실적으로 건강한 종자를 구분할 수 있는 프로들은 거의 없다고 해도 지나친 말이 아니다. 종자를 제대로 보려면 먼저 종자를 낸 성장한 식물을 봐야 한다. 완전히 성장한 작물이 유기농으로 재배되어 농약의 공포로부터 벗어나 있는 작물이라면 가장 좋을 것이다. 병들지 않고 화학비료에 중독되지 않은 건강한 작물의 씨앗이라면 별로 걱정할 일이 없다.

그러나 그것은 미리 밭에 가보고 확인한 다음 수확할 때를 기다렸다가 그 작물의 씨를 받아 와야 가능한 일이다. 아무래도 이것은 종묘상에서 파는 종자를 사오는 것으로 대신할 수밖에 없다. 종묘사가 품질을 보증하는 씨앗이면 좋을 것이다. 당연히 이름 있고 공신력과 전통있는 종묘사를 선택하는 것이 일단 안전하다. 서울 종로 5가와 6가의 종묘사에 가면 많은 종자를 보고 접할 수 있는데 상표가 정확히 붙어 있고 회사가 보증하는 씨앗을 고르는 것이 좋다.

요즘 들어서는 슈퍼마켓이나 할인점, 전문 새싹채소 농원, 인터넷 통신판매소 등에서 다양한 경로로 씨앗을 팔고 있다. 이 또한 앞의 요령을 살펴 공신력 있는 상품으로 구매하는 것이 좋다.

전문가들은 첫째 대개 겉껍질(표피)이 윤택 있고 반짝거리는 것이 건강한 종자라고 판단한다. 또 상대적으로 무거운 종자를 고른다. 가벼운 것은 속이 비어 있거나 문제가 있는 종자일 가능성이 높다. 그것을 구분하는 방법은 물에 넣어서 가라앉는 종자가 건강하다고 보면 된다. 물에 뜬 것은 썩거나 병든 종자일 가능성이 높다. 그리고 종자 표피에 상처가 없는 것이 좋다. 상처가 있다면 세균이 침투했을 가능성이 충분하기 때문이다.

둘째 전문가들이 권해주는 품종을 선택해야 한다. 경험이 쌓일 때까진 프로들의 권유를 받고 기술 지도를 받는 것이 좋다. 자칫 귀한 돈을 낭비하게 되고 종자는 종자대로 죽여버리게 되기 때문이다. 귀한 생명들을 버리게 되는 일이 없도록 주의해야 한다.

셋째, 종묘사의 브랜드를 살펴보고 결정하라. 고객이 많이 찾는 브랜드와 종자 품종을 고르는 방법도 무난할 것이다.

이런 방법이라면 무난하게 건강한 종자를 선택할 수 있다.

참고로 콩나물 재배시의 종자 구분법을 소개한다.

콩나물은 우리가 가장 많이 즐겨 먹는 작물 가운데 하나이다. 아스파라긴산의 효과를 들먹이지 않더라도 반찬이 마땅치 않다든가 국거리로 별 신통한 것이 없으면 주부들이 대개 콩나물 무침을 한다든지 콩나물국을 끓인다. 그만큼 우리에게는 친숙한 작물이다. 이처럼 친숙한 콩나물의 새싹을 먹자는 것이다.

콩나물 종자는 물에 넣어보면 종자가 문제가 있는 경우, 부실하거나 썩은 품종일 경우 물위에 뜬다. 또 10%에서 15% 정도의 소금물을 만든 다음 종자를 넣어 흔들어주면 종자가 부실한 것은 다 뜨므로 돼 구별이 가능해진다. 소금은 원래의 천성대로 맛이 짜고 성질은 따뜻하다. 피나는 것을 멈추고 독을 해소하는 효능이 있다. 그러므로 소금물로 썩은 종자를 걸러내는 한편으로 종자 소독을 겸해서 하는 것이다. 이렇게 하면 종자가 건강해져서 수확이 늘고 발아율도 높아진다.

3. 새싹 키우기

이제부터 본격적으로 새싹 키우기로 들어간다. 건강한 종자를 골라냈으니 씨앗을 씻고 담아서 키울 일만 남았다. 다음은 구체적인 재배 방법이다. 그런데 한 가지 주의할 것은 필자가 제시하는 방법은 원칙선을 제시하는 것이지 반드시 해야 하는 필수적인 방법이라고 단정하기는 어렵다는 것이다. 일반적으로 이렇게 하면 무난하다는 방법론을 제시하는 것으로 이해하면 무리가 없을 것이다.

* 용기 고르는 방법

새싹채소를 재배할 용기에 대해 걱정하는 사람들이 많다. 그러나 조금도 걱정할 필요가 없다는 점을 강조하고 싶다. 이런 저런 생각을 하기 싫으면 그냥 새싹 채소 파는 곳에서 추천해주는 용기를 선택하면 된다. 사실 새싹채소는 아무 데서나 잘 자라기 때문에 용기에 대해 걱정하지 않아도 된다.

예전에는 유리병에 많이 키웠으나 요즘은 잘 쓰지 않는다. 유리병은 목이 좁아서 통기가 잘 이루어지지 않고 재배시에 물이 빠지기 어려우며 새싹들이 성장하면서 서로 햇볕을 가리기 때문에 문제가 생길 수 있기 때문이다. 차라

물이 잘 빠지는 채반을 이용한다.

리 1리터짜리 우유곽을 반 잘라서 써도 되고, 1.5리터짜리 음료수 페트병을 잘라서 써도 무방하다. 일반 가정에서 쓰는 움푹 파인 그릇을 이용하여 재배할수 있으며 얼기설기 엮어놓은 무명 소재의 가방이나 대나무채반 같은 것도 이용할 수 있다. 우리나라 전통 대나무 채반이나 대나무 바구니들은 관리만 잘 해주면 좋은 용기가 된다. 정 쓸 것이 없으면 못 쓰는 그릇을 재활용하는 것도 가능하다. 솜에 물을 적셔서 씨를 갖다 뿌려도 새싹채소는 자란다.

문제는 시도하는 것이 중요하지 그릇은 그리 문제가 되지 않는다. 요즘 새싹채소 업체들이 공급하는 용기도 다양해져서 취향에 맞는 것을 고르면 된다.

* 재배 용기 관리와 소독 문제

무엇보다 재배할 용기는 통풍과 빛, 습기보호 등에 신경을 써야 한다. 종자 상태에서 발아하기 시작할 때 가장 중요한 것은 태어날 때의 환경과 같게 해주는 것이다. 이때는 무엇보다 건조를 막아줘야 한다. 습도를 유지하도록 온실 텐트 같은 것을 쳐준다든지, 비닐로 보호막을 만들어주는 것도 필요하다. 발아하고 3,4일간은 특히 보온과 습도 유지에 신경을 쓰고 재배 용기 외에도 보호막을 설치해주면 많은 양의 발아를 얻어낼 수 있다.

이 점은 농사를 지을 때 쓰는 비닐 하우스와 같은 것이라고 생각하면 된다. 특히 겨울에는 베란다 같은 곳이 건조해지고 추위를 타기 때문에 적당한 보온막

이 있어야 좋다. 비닐은 늘 깨끗이 청소해서 곰팡이가 생기지 않도록 하는 것이 중요하다. 습기와 보온은 필히 곰팡이를 유도하기 마련이다. 잘 보이지 않는 곳에서 곰팡이가 피는 것을 막기 위해 자주 냄새를 맡아보는 것이 좋다. 여름에는 시원하게, 겨울에는 따뜻하게 하기 위해 반드시 비닐 텐트가 필요하다.

용기의 소독은 개인의 경험이 무엇보다 필요하다. 용기가 어떤 것이냐에 따라 달라지는데 화학성분으로 만든 용기와 텐트는 비누로 씻으면 된다. 싱크대에 담가두고 문질러 씻어도 좋다. 어느 쪽이든 화학제품이나 비닐에 잔여물질이 남아 있기 어렵기 때문에 상관없이 닦아내면 된다. 문제는 대나무 채반이나 직물로 만든 그릇, 섬유소가 포함된 용기의 경우는 비누나 세균, 곰팡이, 농약 잔여 성분이 남아 있을 가능성이 높다. 이것은 소량이라도 새싹채소에 심각한 영향을 미친다. 예를 들자면 대나무 채반 사이사이에 곰팡이 균이 끼어 숨어

있다든지, 청소용 화학 성분이 남아 있든지 하면 새싹은 금방 영향을 받아 시들거나 죽게 된다. 보온과 습도가 높아 곰팡이 천지가 되어버리는 경우도 있다. 따라서 재배 용기를 깨끗하게 하는 일은 씨를 고르는 것보다 더 중요하다.

이것은 우리가 흔히 쓰는 것으로, 약방에서 과산화수소수를 구입해서 살균하면 된다. 30% 정도의 농도로 과산화수소수를 만들어 쓰면 웬만한 세균은 다 살균이 된다. 과산화수소수는 독이 없으며 잔류 농약의 걱정이 없다. 과산화수소는 수소 둘에 산소 둘의 분자식을 가진다(H_2O_2). 살균에 소독 기능이 있으며, 30% 정도면 상당히 강한 농도이므로 주의가 필요하다. 락스와 같은 표백제도 괜찮다. 적당히 희석한 락스물에 담가두고 나중에 헹구면 큰 문제가 없다. 이것도 불안하면 전통적인 우리의 소독법, 삶기를 권한다. 섭씨 100도의 뜨거운 물에 견뎌내는 균은 거의 없다. 그 다음으로는 말리고 브러시로 잘 털어주는 것도 중요하다. 이런 저런 일이 너무 불편하면 햇볕에 내놓는 방법도 있다. 여름철 강렬한 햇볕은 곰팡이 균을 죽이고 세균을 박멸하는 효과가 탁월하다.

* 씨앗 씻기와 불리기, 담그기, 그리고 뿌리기

씨앗을 씻는 것은 불순물을 제거하고 병원균을 차단하기 위함이다. 흐르는 물에 씨앗을 넣고 자연스럽게 씻도록 한다. 쌀을 씻듯이 박박 문지르면 표피에 상처가 나서 균이 침투하기 쉽다. 그릇에 담아놓고 씻을 경우 물을 몇 번이고 갈아 깨끗하게 하는 것이 좋다. 어차피 물에 불리는 과정을 겪어야 하므로 헹구는 것은 몇 번이라도 큰 문제가 없다. 샤워기나 좀 압력이 센 분무기 같은 것도 세척에 좋다. 이 과정은 씨앗을 씻으면서 종자가 물을 먹게 하는 과정이다. 그러나 그런 것이 없고 번거롭다면 바구니에 물을 길어 부어도 된다.

세척이 끝나면 씨앗을 물에 불려야 한다. 물에 불리는 것은 새싹 씨앗에 수분을 충분히 공급하기 위해서이다.

어떤 이들은 씨앗을 씻을 때 과산화수소수를 쓰도록 권유하는데 농도 맞추기 어려우면 굳이 그럴 필요까지는 없다. 만약 제대로 소독하고 싶으면 30% 정도의 농도수로 작은 스푼 하나를 세 큰 컵 정도의 물에 타 희석하고 씨앗을 넣어두면 된다. 과산화수소수는 분무기에 담아 쓰면 좋다. 이것은 베란다의 곰팡이를 제거하는 데도 특별한 효과를 낼 것이다.

이 과정이 끝나면 먼저 씨앗을 물 속에서 8시간에서 12시간 정도 불리는 게 좋다. 이렇게 하는 것은 씨앗의 수분을 채우는 것이라고 했는데 궁극적으로는 발아를 돕기 위함이고 씨앗을 수확해서 보관하는 중에 혹시 들어가 있을 미세한 물질과 균들을 물에 털어내는 과정이다. 이 경우 많은 사람이 씨앗을 꽉 채우는 기분으로 그릇에 담아두는데, 그것은 씨앗을 겹치게 해 발아를 오히려 방해하게 되므로 주의해야 한다. 즉 가지런하게 뿌리는 것이 좋다는 말이다. 이것은 나중에 새싹이 자랐을 때도 너무 촘촘해서 서로 햇볕을 방해하게 되거나 생육을 방해하는 경우가 있기 때문이며 수확할 때 불편해지는 것을 막기 위해서이다. 12시간을 넘기면서까지 물에 담가둘 필요는 없다. 씨앗에 따라 물 속에서 발아가 잘 이루어지지 않는 것도 있다. 벼, 상치, 당근, 샐러리 등은 물 속에서도 발아가 잘 이루어지고 콩이나 보리와 같은 음성 씨앗 등 나머지 채소 곡물류는 발아가 어렵거나 약해질 우려가 있으니 12시간을 넘기지 않도록 한다.

씨앗 뿌리기는 앞에서 이야기한 것처럼 용기에 너무 촘촘히 뿌리지 않는 것이 좋다. 씨앗이 작은 경우는 작은 그릇 – 그것이 접시든 재활용 그릇이든 간에 – 천이나 솜, 안 쓰는 헝겊을 그릇 바닥에 깔아줘도 좋다. 그곳에 분무기로 물을 흠뻑 뿌려준 후 그 위에 물에 불린 씨앗을 가지런히 놓아두면 된다. 절대 겹치지 않게 하는 것이 중요하다. 씨앗이 큰 종자는 종자 크기만큼 벌려서 뿌려도 된다. 우리는 보통 씨앗 부피의 3배, 많게는 7배에서 10배 이상의 결과물을 수확하게 된다. 이것을 충분히 고려하여 씨를 뿌리는 것이 중요하다.

*어떤 물을 쓸 것인가

얼마 전 어느 건강 세미나의 제목이 '물이 문제다' 였던 것을 보고 공감한 적이 있었다. 이 시대를 사는 우리로서는 정말 물이 문제가 아닐 수 없다. 우리 몸도 좋은 물을 찾아 먹기를 원하며 식물도 마찬가지이다. 식물에게 좋은 물은 어떤 것인가. 궁극적으로 지구상에 사는 동식물은 원천적으로 다 좋은 물을 선호하는 법이다. 미국의 어느 학자가 실험하기를 임의의 나무뿌리를 둘로 구분하여 하나는 좋은 물만 접하게 하고 하나는 나쁜 물에 접하게 하였더니 몇 달이 지난 다음 좋은 물 쪽 뿌리만 무성하더란 이야기는 식물도 물을 가린다는 것을 입증하는 것이다.

물이란 그 속에 녹아 있는 광물질이 무엇이냐에 따라 좋고 나쁘고가 어느 정도 결정된다고 볼 수 있다. 물맛을 물맛답게 하는 물질은 칼륨과 규산, 마그네슘, 칼슘 등이다. 칼슘이 많으면 물맛이 짜게 느껴진다. 또 광천수 같은 물은 탄산 이온이 많아서 톡 쏘는 맛이 난다. 그런데 식물은 어떤가. 특히 새싹채소는 어떤 물을 좋아할까?

흔히 잘못 생각하기를 증류수나 끓인 물이 좋을 것이라 생각하지만 그것은 틀린 생각이다. 만일 그런 물로 새싹채소를 키웠다간 제대로 된 수확을 맛보기 어려울 것이다. 균이 모두 죽어버린 물은 죽은 물과 다르지 않다. 식물은 물에 들어 있는 미량의 미네랄과 비타민 등 각종 광물질을 먹으며 자란다. 그러므로 가장 좋은 물은 자연수일 것이다.

하지만 도시나 도시 근교에서 제대로 된 자연수를 찾기란 거의 불가능하다. 그렇다면 생수가 가장 좋은데 돈을 주고 사서 먹는 물을 새싹채소에 계속 준다는 것은 좀 부담스러운 일이다. 그래서 동네 약수터나 뒷산 약수터에서 길어 온 물을 새싹채소를 키우는 사람이 많다. 또 수돗물을 정화해서 쓰기도 한다. 수돗물을 그냥 쓰는 사람도 있다. 그것도 못 믿으면 어떻게 살겠느냐는 푸념과 함께 말이다. 그러나 수돗물을 그대로 쓰려면 최소한 바로 주지 않도록 하는 것이 좋다고 주장하는 이들도 있다. 필자는 염소 성분이 거슬리기는 하지만 최소한으로 수돗물까지는 어쩔 수 없다고 생각한다.

그러나 염소 냄새가 심한 경우는 조심하는 것이 좋고 가급적이면 지하수 같은 천연수를 쓰기를 권한다. 깨끗한 물을 주고 싶다면 요즘 정수기 물을 많이 쓰니까 그것도 괜찮을 듯하다. 생수나 정수기 물이 무난하다고 보는 것이다.

*헹구기, 세척과 배수

뭐니뭐니해도 새싹채소의 적은 곰팡이다. 적당한 온도와 습도가 지켜주는 곳이면 어김없이 곰팡이가 나타난다. 그러므로 곰팡이가 생기지 않게 하려면 새싹채소를 하루에 두 번 이상 씻어주는 것이 좋다. 그렇다고 대단히 귀찮을 것이라고 생각하기 쉽지만, 필자가 단언컨대 결코 그렇지 않다. 조금만 신경 쓰면 썩거나 곰팡이가 끼지 않는다. 우리는 베란다에 하루 두 번 이상 나가지 않는가? 나갈 때마다 30초에서 1분만 쓰면 된다.

대나무 그릇의 경우라면 씨앗이 담긴 그릇을 물에 잠길 정도로 푹 집어넣었다가 30~40초 정도 후 꺼낸다. 이때 발아한 씨앗의 껍데기가 떨어져 나오게 될 것이다. 또 곰팡이 같은 균들도 떨어져 나온다. 우유곽이나 플라스틱 그릇 등을 이용한 재배라면 분무기 같은 것으로 혹은 작은 물줄기가 나오는 물 샤워기로 씨앗을 골고루 씻어준다. 이때 씨앗이 튕겨져 나갈 정도로 세게 하면 안 된다.

대나무 바구니나 직물로 만든 그릇이라면 물이 저절로 빠져 배수가 되겠지만 그렇지 않은 경우는 물을 잘 따라내야 한다. 만약 부재중이라 헹구기가 어렵다면 가족 중 누군가에게 부탁하고 그도 불가능하면 냉장고에 넣어서 잠시 생육을 중지시키는 것이 좋다. 그렇지 않고 2,3일 방치하면 금방 다 썩어버리는 경우도 있다.

헹군 물은 원칙적으로 다 배수시키는 것이 좋다. 고인 물은 절대 금지이다. 수분은 씨앗 속에 남겨두되, 물은 고이지 않게 하라. 그렇게 하는 방법으로 싹채소 그릇을 이리저리 조금씩 흔들어주면 된다. 씨앗을 못 살게 구는 것이 아니라 세균을 못 살게 구는 것이다. 이것은 '구르는 돌은 이끼가 끼지 않는다' 는 이치와 같다. 습도를 완전히 없애면 새싹채소는 죽어버린다. 습도 유지는 새싹채소의 생명을 유지하는 중요한 조건이다.

늘 냄새에 신경을 써야 한다. 냄새가 나면 뭔가 썩고 있든지, 곰팡이가 피고 있는 것이다.

*껍질 제거 문제

헹구기 작업을 통해 씨앗을 깨끗이 한 종자는 발아하면서 껍질을 벗게 된다. 껍질은 사실 몸에 해로운 것도 아니고 섬유질이 대부분이라 먹어도 아무 상관이 없기는 하다. 그러나 먹기가 께름칙하고 맛도 없다는 데 문제가 있다. 콩나물을 예로 들어보자.

콩나물이 성장하면서 콩나물 시루에 수많은 잔해가 남는다. 그것이 콩껍질이다. 우리가 콩나물을 사 오면 머리쪽에 콩껍질이 제법 붙어 있는 것을 보게 된다. 성의 없는 식당에서 콩나물국을 끓여줄 때 보면 콩껍질이 둥둥 떠다니는 것도 보게 된다. 이게 바로 새싹채소의 껍질과 같은 것이다. 모든 씨앗에는 껍질이 있다. 이 외피가 보기에 좋지 않고 자칫 곰팡이가 끼게 할 수 있어 제거하자는 것이다.

껍질 제거법이 특별히 있는 것은 아니다. 재배 용기를 어떤 것으로 쓰느냐에 따라 방법은 달라진다. 대바구니 그릇의 경우라면 물 속에 잠시 담가 살살 흔들면 껍질이 물위로 떠오르게 된다. 이때 건져내면 된다. 물 속에서 뒤집는 분들도 있는데 뿌리만 단단히 붙어 있다면 가장 확실한 방법이지만 좀 위험한 것이 사실이다. 분무기나 샤워기로 그릇을 기울여 놓고 씻어내도 무방하다. 어떤 방법으로든 껍질은 털어내버리는 것이 좋다.

*비료는 꼭 주어야 하나

특별한 비료는 필요 없다. 새싹 재배 방법 자체가 천연에 의존하는 것이고 발아하자마자 먹는 것이므로 별도의 비료를 쓰지 않는 것이다. 그러나 수확을 늘리기 위해서라면 몇 가지 천연 비료를 생각해볼 수도 있다. 해초액 몇 방울이나 곡물 씻은 물 정도라면 처음 씨앗을 불릴 때 넣어주면 도움이 될 것이다. 이 것은 미네랄 같은 성분을 투여해주기 위해서다. 가급적 천연 그대로 섭취하는 자연식이 가장 좋을 것이다.

*빛과 온도 조절 방법

처음엔 씨앗을 뿌려서 하루 이틀 정도 씨앗이 뿌리를 내리고 싹이 나올 때까지 조금 어두운 곳에 두는 것도 좋다. 너무 빛이 강하면 생육에 지장을 준다. 건조해져서 죽게 하거나 빛이 너무 강해 발아가 힘들어지는 경우가 있기 때문이다. 옮기기 귀찮으면 빛을 가릴 수 있는 종이나 천을 이용해 덮어주면 된다.

통풍은 시켜야 한다. 하루 이틀 지나면 베란다나 거실의 실내등으로도 충분

히 큰다. 큰 식물로 성장시키는 것이 아니므로 반드시 햇빛을 보일 필요는 없다. 그래서 상당수는 목욕탕에서 새싹채소를 키우는 분들이 있다. 이 경우 주의할 것은 목욕탕에 전자분무식 향취제나 탈취제가 있으면 방해가 된다. 강한 화학 성분의 향취제가 새싹채소의 발아를 방해할 수 있다. 창쪽 베란다는 그런 염려가 없으니 제일 안전하다. 빛이 약하면 새싹이 노래지고 강해지면 녹색빛이 강해진다. 빛의 강도를 조절해 주는 것이 중요하다.

온도 조절도 신경을 써야 한다. 상당수 씨앗은 상온에서 싹을 틔운다. 그러나 최적 온도라면 싹이 나올 때 18~22도 정도의 온도가 좋다. 그 후에는 약간 높아져 25도까지는 잘 자란다. 27~28도 정도가 되면 수확물이 눈에 띌 정도로 줄어든다. 그러니 베란다 온도가 그 범위 내에서 유지되도록 주의를 요한다. 결국 한여름과 한겨울에 주의가 필요하다는 말이다.

특히 양성질의 씨앗은 햇빛을 덜 필요로 하고 서늘한 곳을 더 좋아한다. 음성질의 씨앗은 그 반대의 성질을 갖고 있기 때문에 참고하면 도움이 된다.

*수확하는 방법

새싹채소를 수확하기 전에 먼저 병든 채소를 뽑아버려야 한다. 아무리 씨앗을 잘 고르고 소독해도 병들거나 시든 새싹은 나오기 마련이다. 병든 것을 골라내는 방법은 특별한 것이 없다. 시들고 말라가면서 고개를 숙인 새싹을 찾아

내면 된다. 이런 것을 오래 두면 전체 생육에 문제가 생길 수도 있다.

새싹채소는 빠른 것은 3~4일, 보통은 6~7일이면 수확할 수 있다. 물론 오래 걸리는 것들은 10일이나 14일 정도 걸리기도 한다. 이것은 앞에서 제시한 도표를 참조하면 될 것이다. 수확은 씨앗이 굵은 것일수록 오래 걸리는 법이다. 완두, 옥수수, 해바라기, 홍화, 메밀 등은 평균 10일 이상 걸린다. 온도가 높으면 잘 자라고 크기도 더 커진다. 온도가 낮으면 덜 자라고 크기도 작다. 따라서 생육 조건에 따라 다소간에 차이가 있다.

대개 6~7일 종은 6㎝ 내외에서, 10일종은 10㎝ 정도 자란 것을 수확할 수 있는데 이 정도 수준에서 수확 시기는 마음대로 조절해도 상관없을 것이다. 성장 기간을 도표에서 참조하되, 그 앞뒤로 하루 이틀 정도씩은 큰 차이가 없으니 수확할 때 입맛에 따라 먹으면 된다. 다만 수확 시기를 5일 이상 넘기면 안 된다. 성장이 본격화되면 맛과 영양소가 새싹 때보다 현격하게 떨어지므로 주의해야 한다.

수확 방법은 그냥 편하게 하면 된다. 먼저 필요한 만큼 손으로 잡고 뽑으면 되는데, 적당히 흔들어서 뿌리째 뽑아야 한다.

한 가족이 먹을 만큼 손으로 뽑아서 칼이나 가위로 뿌리부분을 잘라내서 먹거나 씨앗째 섭취하면 더 좋다. 당연히 그릇 바닥에 떨어진 씨앗 껍질과 이물질은 제거해야 한다. 아무리 집에서 키웠다 해도 물로는 씻어야 한다. 그 후 샐러드나 요리로 섭취하면 된다. 씨앗 껍질은 먹을 수도, 먹지 않고 버릴 수도 있으나 기호에 따라 알아서 하면 된다.

뿌리도 마찬가지다. 새싹채소는 사실 뿌리째 먹어도 좋다. 미네랄이나 영양가가 충분해서 좋다. 하지만 씹는 맛은 천차만별이니 기호에 따라 취사선택하면 된다.

*수확 후 뒤처리

수확하고 나도 일이 끝나지 않는다. 수확하고 나서 그릇을 폐기하는 것이 아니라 밑에서 아직 덜 자란 새싹을 더 키워내야 하므로 수확할 양을 뽑을 때 각별한 주의가 필요하다. 씨앗의 상태에 따라 같은 품종이라도 먼저 성장하고 나중에 성장하는 차이를 보이게 마련이다. 또 성장하면서 먼저 큰 작물의 밑에 위치하다 보면 햇빛에 덜 노출돼 성장이 느려지기도 한다. 그러므로 첫 수확후 남은 새싹들을 잘 관리해줄 필요가 있다. 뿌리째 뽑혀 나간 그릇의 용기를 잘 관리해주고 듬성듬성 뽑혀버린 새싹 채소밭은 손으로 잘 만져주는 것이 필요하다.

이런 후성장 새싹들은 대부분 빛에 가려 덜 큰 것이 많다. 그러므로 노랗게 힘이 없어 보이지만 수확 후 햇빛을 잘 받으면 금방 녹색으로 바뀐다. 수확을 잘 해주면 최소 2,3번 정도 추가 수확이 가능하다. 수확이 끝나면 그릇은 다시 잘 씻어서 다음 재배를 준비해야 한다. 곰팡이균이 붙지 못하게 깨끗이 씻고 과산화수소수 같은 것으로 분무해서 살균한다. 햇볕에 말려서 살균하는 것도 좋다. 잘 씻어 놓은 그릇은 언제고 재배 용기로 다시 쓸 수 있다.

*보관과 냉장

수확한 채소를 다 먹지 못한다면 보관해두면 된다. 관리만 잘 해주면 한 두 주 정도 관리하는 것은 큰 무리가 없다. 씨 껍질을 잘 제거해주고 씻어서 물기를 적당히 빼고 냉장고 야채칸에 넣어두고 필요할 때마다 꺼내서 먹으면 된다. 냉장은 결국 성장을 잠재적으로 중지시키는 일이다. 수확하기 전에 어디로 멀리 여행을 간다든지 해서 물을 제대로 주지 못할 경우도 냉장이 좋은 보관법이

다. 섭씨 0~4도 정도의 냉장고 온도가 식물 성장을 잠재적으로 느리게, 혹은 중지시켜 주기 때문이다.

보관 일수는 성장 일수와 비슷하다. 그 이상 보관하지 않는 것이 영양소나 맛 면에서 유리하다.

요즘 널리 보급된 김치 냉장고가 새싹채소 보관에는 대단히 좋다.

새싹채소는 한번에 많이 심는 것은 좋지 않다. 많이 심고 싶으면 시차를 두고 심는 것이 좋다. 그래야 냉장 보관을 하지 않아도 제때에, 사시사철 늘 신선한 새싹 채소를 먹을 수 있는 것이다.

*남은 씨앗 처리와 기타 주의 사항

처음 씨앗을 구매해서 뿌리고 나면 남는 씨앗이 있다. 초보자는 수확을 빨리 하고 싶어서 올인 하는 경우가 있는데 그것은 금물이다. 앞에서도 언급했듯이 수확 때 조금씩 언제나 다양한 새싹 맛을 볼 수 있도록 시차를 둬 가며 파종하는 것이 중요하다. 종묘상에서 씨앗을 구매한 후 처음에 씨를 재배 용기에 넣어 뿌리고 나면 반드시 남는 씨앗이 있다. 여기저기 다 뿌리지 말고 밀봉한 봉지에 넣어 냉장고에 두는 것이 좋다. 다음에 필요할 때 꺼내 심어도 얼마든지 성장시킬 수 있다.

한 홉짜리 씨앗을 사 오면 보통 8~10회 정도는 씨를 뿌릴 정도의 양이 된다.

물론 작은 그릇이므로 재배 용기에 따라 차이가 있을 것이다.

새싹채소를 먹는 방법은 따로 설명하겠지만 한 가지만을 고집할 필요가 없다. 기호에 따라 요리와 샐러드, 생식 등 다양한 방법으로 먹으면 된다.

또 한 종만 고집해서 먹지 말고 여러 종을 섞어서 먹어도 좋다. 새싹 맛이 별다르겠냐고 하겠지만 그래도 드레싱을 잘하면 훌륭한 신선 식품이 된다.

3. 새싹 재배의 실제 사례

월계동 유귀출 할머니

서울 월계동 유귀출 할머니의 경우 요즘 새싹 재배로 시간 가는 줄을 모른다. 손자들도 다 커버리고 아들 내외도 다 바빠서 홀로 지내는 시간이 많았는데 우연히 TV에서 새싹 키우기를 접하고는 이 사업(?)에 뛰어들었다고 한다.

아들에게 시내 나가는 길에 종묘사에 들러 배추 새싹씨앗을 구해 달라고 부탁해 두었다. 그리고 한 홉짜리 배추 새싹씨앗을 받아든 이 할머니는 TV에서 본 대로 대나무 채반 하나에 솜을 깔고 배추 씨앗을 뿌렸다고 한다.

"어릴 적 시골에서 다 내 손으로 심고 키웠던 건데 요즘 다시 해보니까 옛날 기억이 더 새롭고 새싹들이 쑥쑥 자라는 게 너무 신기하네요."

아파트 베란다만큼 삭막한 곳이 어디 있던가. 창을 열고 내다보면 건너편 아파트의 창과 빨래들만 보이고 도로 위에 차들만 내달리는 삭막한 풍경뿐이었는데 요즘은 베란다 내다보는 재미에 푹 빠져 있단다.

손자 녀석이 하루는 집에 들어오더니 베란다 문을 열고는 "어! 우리집이 녹색밭이 됐네!" 하더란다. 이 할머니는 그때부터 베란다에 나가서 새싹채소를 키우는 재미로 산다.

저녁 반찬에도 배추 새싹 한 바구니를 올렸더니 아들 내외가 너무 좋아하더란다.

"전원 생활이 따로 없네요. 도시 삶이라는 게 참 건조하기 짝이 없잖아

요? 시골에 가서 텃밭도 만들고 키우면서 살아야 할 나이에 이런 갑갑한 아파트 살림살이가 너무 단조로웠는데 새싹채소 재배가 그런 갑갑함을 한 번에 덜어주었어요."

할머니의 새싹 자랑은 끝이 없다.

할머니는 한숨 자고 나면 아침에 제일 먼저 일어나 나가보는 것이 베란다이다. 파릇파릇하게 오밀조밀 키를 세워 커가는 새싹채소를 기르는 재미는 해보지 않은 이는 아무도 모른다.

"서울로 이사온 지 30년이 넘었는데 아파트에서만 살았어요. 도시 근교에라도 나가 살면 좋으련만 그게 뜻대로 되지 않았답니다. 영감 돌아가시고서 가장 처음 하고 싶었던 것이 텃밭 가꾸기였어요."

그 소망을 요즘 베란다 텃밭 가꾸기로 풀고 있는 할머니는 노년의 삶에 새로운 활력을 얻은 것처럼 느껴졌다. 이 할머니는 요즘 동네 경로당에 가면 제일 먼저 이 텃밭 이야기를 한다고 한다.

"집에서들 빈둥거리지 말고 텃밭 하나 키워봐. 아들 딸 다 키워놓고 요즘 눈치 보고 사는 영감 할매들이 얼마나 많아? 왜 그러고 살아? 텃밭 하나면 반찬값을 벌어줘. 그것도 믿을 수 있는 신선한 채소를 때마다 손주 녀석들과 같이 먹을 수 있게 하는데 투덜거릴 아이들이 어디 있어? 하루에 두세 번 물만 주면 돼. 아들 딸 손주들한테 칭찬받고 반찬도 만들어 먹으니 이거야말로 도랑 치고 가재 잡는 격이지. 한 번들 해보라고!"

어느새 할머니는 베란타 텃밭의 전도사가 된 것 같이 자랑을 늘어놓았다.

서울 성산동의 김혜숙 주부

"남편이 어느 날 밖에서 친구들이랑 회식을 하고 왔는데 몹시 불쾌한 표정이었어요. 왜 그러느냐고 물었더니 불고기를 먹는데 상추와 깻잎에 농약이 묻은 채 제대로 씻지도 않고 내놔서 잔소리를 좀 했더니 식당 주인이 안먹으면 될 거 아니냐고 시비를 걸었대잖아요. 저도 기가 막혀서 다음엔 그런 델 가지 말라고 그랬죠. 그리고 보니 우리집도 사실 상추나 배추 씻을때 대충 씻어서 먹을 때가 많았단 말이에요. 그래서 안 되겠다 싶어서 무공해 채소를 좀 사다 먹으려고 했죠. 그랬더니 보통 값의 두세 배는 더 들겠더라고요. 그때 마침 잡지에서 새싹 채소 재배법을 봤어요. 금방 할 수 있더라고요."

성산동 사는 30대 후반의 김혜숙 주부는 농약 시비에서 좀 벗어나 보자고 시작한 것이 새싹 재배 전도사가 됐다고 수줍게 웃는다.

종묘사에 가기 귀찮아서 인터넷으로 주문하고 이틀 뒤에 받아서 소쿠리에다 키우기 시작했는데 무순과 배추 싹 두 가지를 시작해 지금은 예닐곱가지 작물을 재배할 정도가 됐다.

무슨 특별한 기술이 있어서 키우는 것도 아니고 팔품 발품 약간 더 팔아서 깨끗한 채소를 먹는 기쁨은 말로 표현하기 어렵다고.

"처음엔 그냥 호기심 삼아서 시작해봤는데 한번 맛들이니까 장에서나 마켓에서 사는 채소는 먹지를 못하겠더라고요. 내가 키운 채소로 먹는데 가족들도 찬성이고 다들 좋아해요. 특히 중학교 다니는 여자 아이가 변비가 심해 고생했는데 이걸 먹고 나서부터 변비가 없어졌어요."

김씨의 장녀는 배추 싹을 많이 섭취하여 효과를 보았다는데 아마 양체질인 모양이었다. 배추 싹은 양체질 사람들에게 변비와 소화에 특효가 있어 일반적으로 여러 사람이 즐겨 찾는 작물이다. 그런 것도 모르고 시작한 새싹채소 재배를 통해 건강과 맛을 함께 지키게 됐으니 그것도 일석이조인 셈이다.

김씨도 앞의 할머니처럼 요즘 주변 사람들에게 새싹재배 전도를 하러 다닌다.

"한번 먹어봐. 절대 후회하지 않아. 확실하게 건강을 지켜줘. 나한테 고맙다고 말하게 될 거야!"

3장

새싹채소, 건강하고 맛있게 먹는 법

이제 드디어 먹는 방법을 자세히 생각해볼 차례이다. 인간 이란 원래 먹기 위해 산다고 할 만큼 먹거리가 중요하다. 같 은 재료로 음식을 만들어도 어떤 방법으로 어떤 맛을 내는가 에 따라 천차만별의 음식을 먹게 된다.

특히 건강을 생각해서 먹는 음식이니 만큼 보다 건강하고 맛있게 먹는 방법을 익힐 필요가 있다. 이 장에서는 잘못된 요리법으로 인한 피해와 새싹채소 요리의 장점, 시중에 선보 이고 있는 새싹 요리법 등을 다루기로 한다.

1. 잘못된 요리 습관, 활성산소를 증가시킨다.

잘못된 식습관은 위와 장에 스트레스를 심하게 주면서 소화를 하기 위해 활성산소를 발생시킨다. 바로 이것이 노화와 만성 성인병, 암 등의 주범으로 알려져 있다. 활성산소는 원래 몸 안에 침입한 세균과 바이러스 등을 녹여 없애는 물질이다. 그런데 왜 이 유익한 물질이 나쁜 물질로 인식되고 있을까? 그것은 내 몸에서 완전연소가 되지 못하는 음식물의 섭취와 잘못된 식습관, 환경오염에서 원인을 찾을 수 있다.

우리가 먹는 음식은 산소의 도움을 받아 에너지를 얻게 되는데, 이 과정에서 불필요하게 남는 산소가 활성산소로 바뀌는 것이다. 우리 몸은 언제나 산소를 필요로 하지만 산소가 일상생활이나 잘못된 식습관으로 산화되었거나 스트레스를 받아 과잉 공급된 활성산소는 혈관 내에서 여러 무기물질들과 결합하여 세포 장애를 일으키고 혈전을 만들어 피의 공급을 막게 된다. 이것이 동맥경화, 고혈압 등을 일으키는 것이다. 또 세포막 장애도 일으키는데 이것은 고혈당, 고지혈증을 초래하고 결국 만성 지병인 당뇨병을 일으키게 된다. 또 각종 염증과 피부병, 노화촉진과 암을 유발하고 알레르기도 발생하게 한다.

그러면 잘못된 요리습관은 어떤 것일까?

- 맛·향·미관 중시로 강한 조미료, 향신료 남용

현대 사회는 경쟁적이다. 그러다보니 무엇이든 남보다 월등해야 하고 뛰어나야 한다. 음식도 똑같은 법칙이 적용되고 있다. 요리법이 경쟁적으로 바뀌면서 더 자극적으로 더 강한 맛으로 승부를 보려 하고 있다. 그러다보니 체내에서의 불완전 연소, 몸의 맑은 감각을 둔화시켜 입맛과 몸맛의 일치를 그르치게 하고 있다. 요리는 심플하게 주 재료의 맛을 살리고, 기름과 조미료도 주 재료의 특성과 일치시켜 체질요리가 되게 해야 체질에 따라 소화, 흡수, 대사가 잘되는 건강요리가 될 수 있다.

- 과식을 유도하는 사회적 분위기

옛날부터 우리 민족은 밥그릇을 크게 하여 많이 먹도록 권하는 것이 미덕이었다. 그래서 오랫동안 과식을 한 사람들을 보면 폭식이라고 표현할 정도로 많은 양의 음식을 먹는다. 이로 인해 위는 대단히 많은 스트레스를 받게 되고 이

를 소화하기 위해 과다한 활성산소를 만들어내게 된다. 먼저 밥을 담는 사람이 먹을 만큼 퍼서 적게 주는 습관을 들여야 한다. 음식 재료도 알맞게 사서 적당량을 만들어 먹도록 늘 신경을 써야 한다.

요즘 대형 마켓에서 장을 보는 주부가 많다. 대형 마켓은 단가는 싼데 묶음으로 팔기 때문에 필요 없이 많은 양을 사게 되고 식품도 충동 구매를 하게 되는 것을 자주 볼 수 있다. 재래시장이 있는 주택가와 마트 위주로 구매를 하는 아파트 단지에서 배출되는 음식물 쓰레기의 양을 보면 대형 마트에서 구매하는 사람들이 훨씬 많은 양의 음식을 버리는 것을 알 수 있다. 버리기가 아까우니까 자꾸 더 먹게 되고 더 권하게 된다. 문제는 주부들부터 요리 양을 줄여야 한다는 것이다.

- 잔류 농약, 각종 첨가물 등이 포함된 식품들을 자주 먹는다.

야채를 제대로 씻지 않고 먹으면 이렇게 될 가능성이 높다. 요즘 유기농 야채를 제외하고는 잔류 농약을 걱정하지 않을 수 없다. 솔직히 믿고 먹을 수 있는 채소류가 없다는 것이 주부들의 불만이 아닌가. 매식을 자주 하는 사람들은 가급적 그 횟수를 줄이는 것이 좋다. 첨가물이 많고 냉동, 냉장, 편의식품을 사서 쉽게 요리하려는 경향도 문제이다.

- 태운 음식을 많이 먹는다.

예전에는 누룽지를 먹는 것이 미덕이었으나 지금은 그렇지 않다. 모든 음식에서 태운 음식은 먹지 않는 것이 좋다. 우리나라 국민들의 경우 쇠고기나 돼지고기를 불고기 요리로 먹는 사람이 많은데 이 과정에서 태운 고기를 많이 섭취하게 된다. 아깝다고 먹은 태운 음식이 자기 수명과 건강을 해친다는 사실을 명심하자.

- 패스트푸드를 자주 먹는다

거의 모든 식품 전문가들이 이를 문제 삼고 있지 않은가. 냉동시켜 놓은 오래된 고기를 기름에 볶아낸 버거류와 콜라, 감자튀김, 모든 영양소를 한데 총집합시킨 피자, 냉동 식품류 등을 조심해서 섭취해야 한다. 맛이 좋다고 몸에 좋은 것은 절대 아니다.

그런데도 맞벌이가 많아지면서 시간적으로 쫓기다보니 아이들에게 패스트푸드를 습관적으로 먹이게 된다. 아침은 아이들이나 주부들에게 다 귀찮고 힘든 시간이다. 이러다보니 아이들에게 돈을 줘서 내보내는 주부들이 많다. 아이들은 자연스레 편의점 같은 곳에서 간단하게 먹을 수 있는 패스트푸드를 먹게 된다. 아침 등교 시간에 학교앞 편의점 부근을 가보면 이 문제의 심각성이 어느 정도인지 깨달을 수 있을 것이다.

- 환경 호르몬이 내포된 그릇을 이용, 요리한다

환경 호르몬은 이미 세상을 떠들썩하게 만들었을 정도로 우리 인체에 심각한 해를 초래한다. 플라스틱 그릇류와 인공적으로 만든 각종 용기들에서 환경 호르몬이 배출되는지 아닌지를 관심 있게 지켜보라. 의심이 가는 그릇은 일체 사용하지 말고 전자렌지에 데울 때는 특히 더 신경을 써야 한다. 특히 일회용 그릇이나 포장재를 주의한다.

- 음식을 과다하게 익혀 먹는다

특히 채소류의 경우 너무 익혀서 비타민과 미네랄을 다 파괴해버리면 섬유질만 섭취하는 셈이다. 소화기에 문제가 없는 사람이라면 가급적 조리를 하지 않는 생식, 생야채를 그대로 먹는 것이 좋으며, 익힐 때는 가능한 기름을 적게 쓰고 짧은 시간 조리하여 영양소 파괴를 최소화하는 것이 좋다.

- 음식을 짜고 맵게 한다

우리나라 국민들의 식성이 짜고 매운 것을 좋아해서 심각한 문제를 초래하고 있다. 국을 많이 먹는 습성도 염분섭취량을 늘리는 데 일조한다. 위장은 짠 음식을 어쩔 수 없이 받아들여야 하므로 여기에서 스트레스를 받게 된다.

- 전골, 찌개류를 먹고 밥을 볶아 먹는다.

우리는 매운 음식 먹는 것을 자랑으로 여기는 습성들이 있다. 그래서 각종 전골류나 찌개류를 맵게 먹는 것이 관습화되어 있다. 전골이나 찌개는 그 자체만으로도 양념이 많이 들어가서 자극적인데 이것을 더 맵고 얼큰하게 요리한다. 술을 즐기는 사람들은 특히 더 얼큰하게 요리해서 안주 겸 해장용으로 먹고 있다. 그러나 그 와중에 위와 장은 스트레스에 100% 노출되고 있다. 게다가 문제는 찌개를 어느 정도 먹고 난 다음, 다시 그 국물에 밥을 비벼 먹는 것이다. 그것도 눌 정도로 태워서 그 고소한 맛을 즐기는 것이다. 이런 식습관이 활성산소를 증가시키고 있는 줄은 모르고 말이다.

- 기름에 튀긴 음식을 즐겨 만든다

식습관이 서구화되면서 우리 식단에 튀긴 음식들이 자주 올라온다. 이것은 식용유를 산화시키고 이것을 소화시키기 위해 다시 활성산소를 증가시키게 된다. 튀긴 음식보다는 삶은 음식이 몸에 좋다. 굳이 튀기려면 식물성 기름을 체질에 맞게 골라 이용하는 것이 좋다. 요즘에는 녹차유, 해바라기유 등도 선보이고 있다.

한번 쓴 기름을 다시 쓰는 경우도 많은데 아깝다고 버리지 않고 재활용하면 돈은 덜 들겠지만 건강은 해치게 된다.

- 모든 찌개류에 라면을 넣는다

모든 찌개의 맛이 비슷해졌다. 맵고 얼큰하고 모두가 김치전골 같은 맛을 간직하고 있어서 뭘 먹어도 개성은 없고 맵기만 하다. 게다가 라면을 음식마다 넣어서 튀긴 라면의 기름이 녹은 국물을 맛있다고 먹는다. 이것은 소화도 방해하고 먹는 양을 절대적으로 늘려 위와 장에 스트레스를 준다.

이런 잘못된 요리 습관과 식습관이 오래 쌓이면 각종 난치병의 원인이 된다. 여기서 가장 큰 문제는 과잉 생성된 활성산소이다. 평소 건강에 유의하여 건강한 식습관을 유지하고 잠을 잘 자고, 스트레스를 그때그때 해소하며, 과로를 피한다면 활성산소가 과다 생성되지 않을 것이다. 이것이 곧 건강의 지름길이다.

2. 활성산소를 억제하는 새싹 식습관

앞 장에서도 언급했지만 새싹들이 가진 SOD 기능은 활성산소를 억제하는 너무나도 고마운 효능을 발휘한다.

SOD란 활성산소를 소거해 주는 물질이다. 이 메커니즘은 1장에서 잠시 살펴본 슈퍼 옥사이드 디스뮤타제(SOD)와 카탈라제, 글루타치온 등이 생체의 방어 시스템을 작동시켜 주는 것으로 활성산소를 억제하고 제거시켜주는 역할을 하고 있다.

새싹 채소류는 이런 항산화물질을 충분히 함유하고 있어서 이를 즐겨 먹기만 해도 성장한 과채류를 먹는 것보다 적게는 배 이상 많게는 열 배 이상의 항산화물질을 섭취할 수 있다. 보리 싹과 현미 싹에는 이런 항산화 물질들이 가득 들어 있다고 학계는 보고하고 있다. 그러므로 종합 비타민이나 항산화 약품을 사 먹는 것보다 천연 식품으로 이러한 기능을 대신한다면 경제적으로 신체적으로 모두 유익하다고 할 수 있다.

특히 새싹 채소류는 식이섬유가 충분하여 변비와 비만에도 대단한 효능을 발휘한다. 따라서 새싹채소를 먹는 것만으로도 과잉 활성산소를 억제하고 식이섬유를 충분히 섭취하게 되니 건강은 저절로 좋아지게 되는 것이다.

3. 꼭 지켜야 할 건강 식습관

　이런 SOD 기능을 제대로 몸에 축적시키고 면역 기능을 높이려면 꼭 지켜야 할 식습관이 있다. 장황한 설명보다 간략한 지침이 오히려 도움이 될 것이다.

- 규칙적으로 세 끼를 먹는다

　밥이 보약이라지 않는가? 하루 세 끼 식사를 꼬박꼬박 챙겨 먹는 것 자체가 도움이 된다. 학교에 등교하는 아이들 태반이 아침밥을 거르는데 이것은 위와 장에 오랫동안 심각한 스트레스를 준다. 이것은 세포에게 스트레스와 불안을 가져다준다. 따라서 무절제한 식사 습관을 규칙적으로 바꾸어 항상성을 유지토록 해주는 것이 중요하다. 이로써 정상적인 신진대사가 이루어지는 것이다.

- 소식한다

　적게 먹는 사람이 장수한다는 것은 요즘 언론에서 매일 가르치다 시피 하는 것이다. 음식량을 조절하지 못하면 건강 조절도 실패할 수밖에 없다. 무조건 적게 먹는 것이 아니고 일정한 양을

적게 규칙적으로 먹는 습관이 제일 좋다.

약간 적은 듯한 식사량이 소화에는 도움이 된다. 나아가 흡수력도 증진되고 장운동도 편안하게 이루어진다.

- 매식을 줄인다

사먹는 음식은 맛을 강하게 하기 위해 화학 조미료를 많이 넣는다. 화학 조미료의 양을 많이 사용함으로써 맛 위주의 요리 습관을 갖고 있는 것이 보통이다. 그러나 강한 향신료는 몸의 맑은 감각을 둔화시키고 몸의 순수한 요구사항을 입맛에 전달하는 것을 방해한다. 또한 이윤을 많이 남기기 위해 재료도 비교적 값싼 것으로 선택한다. 아무래도 집에서 해먹는 음식보다 나을 리가 있겠는가? 또 돈 주고 사먹으니 아깝다고 끝까지 많은 양을 먹게 된다. 매식을 줄여야 하는 이유가 바로 여기에 있다.

- 슬로 푸드를 즐겨 먹는다

패스트푸드의 문제는 냉동 식품으로 보관해 온 준비 재료를 금방 익혀서 내놓는 데 있다. 냉동하면서 영양소도 파괴되고 신선도도 크게 떨어진다. 무엇보다 전자렌지 같은 조리 기구를 많이 쓰고 익히고 녹이고 얼리기를 반복하는 것도 문제이다. 음식은 시간을 두고 천천히 즐기며 한국 전통음식처럼 조리하는 것이 건강에 가장 좋다. 바쁜 직장생활을 핑계대지 말고 패스트푸드를 절제하는 것이 건강을 지키는 길이다. 라면 종류의 음식도 매일 섭취하는 이들이 많은데 이것은 스스로 건강을 해치는 일이다.

- 물을 적절히 마신다

물은 식후 2시간 이상 지나서 당기는 대로 적절히 마신다. 무조건 많이 마시면 음체질인은 신장에 이상이 발생할 가능성이 있다. 그러나 양인은 충분히 마실 가치가 있다. 물은 우리 몸의 노폐물을 운반해주고 독소를 정화시켜 주며 체온 조절과 신진대사를 원활히 해준다. 물도 그냥 마시는 것보다 좋은 물을 골라 마시고 꼭꼭 씹듯이 마시는 것이 건강에 더 좋다.

- 젓갈류를 절제해서 섭취한다

짜고 매운 음식을 절제해야 한다. 너무 많은 염분은 고혈압과 혈관 수축을 가져온다. 위암의 주범이기도 하다. 후추를 조리에 무조건 많이 쓰는 요즘의 음식 조리법도 문제이다. 고춧가루나 후춧가루를 양인들이 너무 많이 쓰면 위점막을 해쳐 궤양과 위염증을 일으킬 수 있다. 나아가 위암으로 발전할 가능성도 있다. 음체질들은 젓갈류를 즐기면 고혈압이 발병할 가능성이 높다.

- 동물성 섭취량을 줄인다

동물성 식품을 예전보다 확실히 많이 먹는 것 같다. 구이집들이 문전성시를 이루고 있는 것을 보면 틀림이 없다. 채식 뷔페나 야채 식단을 잘하는 집을 선택하는 게 어떨까. 체질에 안 맞는 육류를 너무 자주 즐기면 대장암과 직장암 그리고 골다공증 등의 위험도가 높다. 그러므로 콩이나 두부, 버섯류 같은 식물성 식품을 먹는 것이 좋다.

바쁜 일상생활에서 이 모든 것들을 잘 지켜내기란 여간 어려운 일이 아니다. 그래서 한 가지 추천할 만한 것으로 새싹채소를 권하는 것이다. 앞에서 한 것들을 제대로 지키지 못하는 사람들은 몸에 맞는 새싹채소만이라도 즐겨 먹으면 건강을 스스로 지켜낼 수 있다. 최소한 성인병 등은 어느 정도 예방이 가능하다. 물론 새싹채소만 믿으란 것은 아니다. 다만 못 지키는 것이 많을수록 새싹채소만이라도 섭취하라는 것이다.

4. 국내산 어린 싹채소

우리 선조들은 새싹은 아니더라도 채식을 주로 하는 삶을 살았다.

국내에서 수확 가능한 어린 싹 채소와 나물류는 상당히 많은데 도라지, 더덕, 비름, 쑥, 민들레, 씀바귀, 고구마순, 질경이, 달래, 냉이, 취나물, 고사리, 돌나물 등이 그것이다. 어린 싹 채소는 단독으로 먹기보다 같은 기질의 새싹을 향, 맛, 색을 고려하여 여러 가지 조합의 모듬으로 먹는 것이 더 좋다. 특히 도라지는 대표적인 양성 나물류로, 새순을 수확해 살짝 데친 다음 초장에 찍어 먹으면 일품이다.

최근에는 작물의 종류도 수입산 위주에서 국내산 곡류로 그 취향이 상당히 변하고 있다. 특히 보리와 밀 싹의 영양가가 널리 알려지면서 소비자가 많이 늘고 있는 것으로 보인다. 여기에 발아현미의 장점도 보태져서 곡류 새싹에 대한 신뢰도가 예전에 비해 대단히 높아졌다. 아마도 이것은 암에 대한 일반의 공포가 그만큼 커지고 있기 때문이 아닌가 여겨진다. 그 동기가 어떻든 간에 이런 저런 우리 새싹채소와 새싹 곡류를 즐겨 먹으면 건강도 지키고 만성병도 예방하는 신토불이의 좋은 식습관이 형성된다.

5. 다양하고 알찬 새싹채소 요리법

처음 새싹채소가 소개되었을 때만 해도 고작 먹을 줄 아는 요리라고는 드레싱을 뿌려 먹는 샐러드뿐이었다. 그러나 최근에는 다양한 요리들이 개발되고 있다. 사실 어느 요리에든 새싹채소를 넣을 수 있다. 그 신선함과 풍부한 영양가를 파괴하지 않는 요리라면 무엇을 마다할 것인가.

가장 보편적으로 인기를 끌고 있는 음식은 비빔밥이다. 새싹 비빔밥은 재료를 바꿔가면서 음성 체질과 양성 체질 어느 쪽도 마음 편하게 이용할 수 있을 만큼 새싹의 종류도 많다. 그 밖의 요리를 보면 아직까지 새싹을 주로 하는 식사보다는 새싹을 넣어 특유의 향취와 맛을 더하는 기능 정도에 머물고 있으나

앞으로 더 많은 요리들이 개발될 것으로 기대하고 있다.

(1) 새싹과 어울리는 드레싱

드레싱이란 프렌치 드레싱과 마요네즈 등, 샐러드의 조미로 사용하는 소스의 총칭이며 샐러드 드레싱의 약칭이라고 할 수 있다. 원래 드레싱은 우리나라에서는 상추 먹을 때 쓰는 쌈장 정도만 예로 들 수 있을 정도로 보편화되지 않고 있었다. 그러나 요즘 야채 먹기가 유행이 되면서, 또 서양의 갖가지 드레싱 소스가 소개되면서 인디언 드레싱, 서던 아일랜드 드레싱, 파프리카 드레싱, 머스터드 드레싱 등이 국내에 선보이고 있다. 이 대부분은 샐러드에 사용하나 육류요리나 생선요리에 사용할 때도 있다.

야채를 생으로 가장 맛있게 먹을 수 있는 방법 중 하나가 샐러드이다. 샐러드는 비타민과 미네랄, 섬유질을 공급하는 새로운 건강식이라 할 수 있다. 각자 기호에 맞는 드레싱을 선택해 다양한 새싹 샐러드를 만들어 먹는 습관을 들이는 것이 좋다.

(양체질에게 좋은 새싹 드레싱)

* 된장 소스

된장 3큰술과 들기름(갈은 들깨) 1/2큰술을 섞어 만들어 쌈장 대용으로 사용할 수 있다.

*오렌지 새싹 드레싱

오렌지 새싹 드레싱은 만들기가 간편하다. 오렌지 1개의 표피를 제거하고 주
서에 갈아 즙을 낸 후 식초 1작은술과 들기름 또는 콩기름 70밀리리터㎖를
설탕과 소금에 넣어 잘 섞으면 된다.

*키위 드레싱

키위와 부사사과를 믹서에 갈고 감식초, 콩기름(호박씨, 해바라기씨, 포도씨
기름), 아카시아꿀, 소금 약간을 섞어 흔들면 된다.

* 간장 드레싱

간장 1/3컵, 식초 1/4컵, 자몽즙 4큰술, 다시마물 1/4컵, 설탕 1/4컵 등을 준
비해 식초를 뺀 나머지 재료를 잘 섞은 다음 설탕이 녹으면 식초를 넣어 잘
섞어준다.

* 시금치 드레싱

시금치잎 20g, 콩기름 1/4컵, 식초 1큰술, 소금, 설탕 약간 등을 준비한다.
시금치 잎을 씻어 즙을 내서 나머지 재료를 섞어 만들면 상큼한 맛을 내는 그

린색 드레싱이 된다.

* 양송이버섯 새싹 샐러드와 과일 드레싱

양송이버섯은 자연 송이에 비해 결코 영양가가 부족하지 않다. 서양에선 송이를 금보다 더 귀하게 여긴 적도 있었다. 이 버섯 10개 정도를 준비하고 여기에 치커리싹 50g, 알팔파싹 50g, 무싹 50g, 그리고 과일 드레싱을 준비한다. 열매로는 토마토 1, 2개와 레몬 소량을 준비하면 좋다.

먼저 양송이버섯은 물에 잘 씻어 흙을 털어야 한다. 껍질을 벗기고 결대로 잘게 썰어 찬물에 넣어뒀다가 물기를 뺀다. 치커리, 알팔파, 무싹 등 새싹 채소와 토마토는 찬물에 푹 담가 시원한 맛을 듬뿍 느끼게 한다. 과일 드레싱을 잘 만드는 것이 중요한데 올리브유 3큰술, 현미식초와 파인애플즙 2큰술, 여기에 레몬즙과 설탕을 한 술씩 넣어준다. 다진 양파와 겨자를 넣으면 맛이 강해진다. 마지막으로 천연 소금을 약간 넣어 간을 맞춘다.

다 준비되면 유리 그릇에 새싹 채소와 양송이, 토마토를 넣고 차게 한 드레싱을 얹어 먹는다. 중요한 것은 드레싱은 바로 먹기 전에 만들어 먹어야 좋다는 것이다. 전체적으로 양성 식품군이므로 음체질에 좋다.

*레몬 새싹 드레싱

레몬 한 개의 표피를 제거한 후 갈아서 즙을 내고 올리브유와 소금, 후춧가루 등을 잘 섞으면 된다. 이 두 가지 드레싱은 새싹채소와 잘 버무릴 때 제 맛이 난다. 그냥 끼얹지 말고 손으로 잘 버무려서 맛이 채소에 흠뻑 배도록 해 두면 더 맛있다.

*프렌치 드레싱

올리브유 100㎖, 현미식초 30㎖, 겨자 30g, 양파 반 개, 레몬 반 개, 소금과 설탕 약간 등이 필요하다. 양파를 잘 갈아서 넣고 소금, 설탕, 겨자, 후추를 같이 넣어 버무린다. 젓는 중에 샐러드유를 넣으면서 잘 섞는다. 마지막에 식초와 레몬즙을 넣으면 된다. 주 재료가 식초와 식물성 기름이라 야채와 아주 잘 어울리는 드레싱이다. 식초와 겨자의 양을 잘 조절해 입맛에 맞게 만드는 것이 중요하다. 식초와 겨자를 적게 넣으면 맛이 부드러워진다.

*발사믹 드레싱

발사믹 식초는 고급 식초이다. 이 것을 100㎖ 정도 준비하고 올리브유 100㎖ 그리고 레몬 반 개, 다진 마늘과 소금, 후춧가루 등을 넣어 만든다. 가장 쉽고 간단하게 만들 수 있는 드레싱이다. 달고 새콤하고 독특한 향취를 낸다.

* 비트 드레싱

비트 20g, 올리브유 2큰술, 식초 2큰술, 설탕·소금 약간, 레몬즙 1작은술을 준비하고 비트를 강판에 갈아 재료를 섞은 후 거품기로 잘 저어 짙은 보라색의 독특한 드레싱을 만든다. 비트의 자주색은 다른 재료에 금방 물을 들이기 때문에 먹기 직전 끼얹도록 한다.

* 요구르트 드레싱

떠먹는 요구르트 50g, 레몬즙, 다진 파슬리 1큰술, 소금, 후추를 준비하고 플레인 요거트(떠먹는 요구르트)에 레몬즙을 짜넣고 다진 파슬리와 소금, 후추를 넣어 잘 섞는다. 플레인 요거트는 쉽게 상하므로 냉장보관 하는 것이 좋다. 이 드레싱은 새싹채소뿐 아니라 어떤 채소에도 어울리는 드레싱이다.

* 살사 드레싱

토마토 2개, 고추 1개, 양파 1개, 현미식초 2큰술, 레몬즙 1큰술, 소금, 후춧가루 약간, 다진 파슬리 1큰술을 준비한다.

토마토를 끓는 물에 잠깐 담가 껍질을 벗기고 씨를 제거한 후 다진다. 고추와 양파, 파슬리를 다져서 넣고 식초, 레몬즙, 소금, 후춧가루로 맛을 낸다. 매콤한 살사 드레싱은 입맛을 돋우어 여름철에 먹기 좋은 메뉴이다.

샐러드를 맛있게 하는 포인트는 너무 많은 양을 만들어두지 않는 것이다. 또 먹기 직전 만드는 것이 좋고 남은 것은 가급적 다시 쓰지 않는 것이 맛과 영양을 잃지 않는 비결이다. 채소를 주로 쓰기 때문에 오래 두면 물이 배어나와 맛을 버린다. 샐러드 드레싱에서 맛을 더 시원하게 하려면 새싹채소를 얼음물이나 냉수에 담가 두었다가 사용하면 된다.

(2) 다채로운 새싹 요리

* 새싹 라면

라면은 아이들이나 청소년이 특히 즐겨 먹으며 거의 매일 한 끼 이상 먹는 사람들도 있다. 그럴 때 영양분 부족과 인스턴트 음식의 해악을 막아주는 비법이 바로 새싹채소이다. 아이들에게는 새싹 먹는 법을 알게 하고 영양소도 갖춰주며 성장 속도를 높여줄 수 있다. 특히 새싹채소는 대부분 콜레스테롤을 낮춰주는 효과가 있어 비만 아이들이 먹는 라면에 넣어주면 효과적이다. 식이섬유도 풍부하여 아이들 간식에 좋다. 그러나 되도록 라면보다는 생칼국수를 사용하는 것이 더 좋으며 쌀라면인지, 우리밀 라면인지에 따라서 새싹 종류도 체질에 맞게 선택해야 한다.

준비물 : 라면 1개 / 보리 싹, 배추 싹 100g씩 / 미역 조금

① 라면 끓일 때와 같다.

② 다만 한번 푹 끓이고 난 다음 보리 싹, 배추 싹 등을 넣어 새싹 맛을 우러
나오게 하는 것이 중요하다.

③ 그릇에 담아낸다.

*새싹 굴 수제비

멸치와 밀가루는 다 음성 식품이므로 양체질에게 어울리는 식품이다. 여기에
음성 새싹채소인 호박 싹, 배추 싹을 얹어 먹는 수제비 요리이다. 바지락과 모시
조개를 적절히 넣으면 시원한 맛이 난다. 국물의 맛을 내는 데 바지락을 쓰는 것
이 더 시원하다. 굴 역시 음성이라 시원한 맛을 더한다. 수제비의 밀가루 맛을
줄이고 향과 씹는 맛을 더하기 위해 새싹채소를 쓴다는 것이 포인트.

준비물 : 멸치 국물 / 밀가루 600g(강력분과
중력분) 반죽분 / 호박 싹, 배추 싹
100g씩 / 굴 약간 / 간장 양념장 /
바지락 약간

① 멸치에 다시마를 넣고 끓여 국물을 낸 다음 건져낸다.

② 국간장으로 간을 맞추고 바지락을 넣어 끓인다.

③ 반죽을 떼서 끓는 국물에 넣는다.

④ 수제비가 떠오르면 양념을 넣고 굴과 새싹채소를 함께 넣는다.

⑤ 양념장과 함께 그릇에 보기 좋게 담아낸다.

*새싹 모듬 쌈밥

이 식단은 극단적인 음체질인 사람들을 위한 양성 식단군이다. 현미밥부터 새싹채소와 계란 모두가 양성인 것으로 골라보았다. 쌈밥은 약간 쌉쌀하고 향이 있는 것이 먹기에 좋다. 양성의 경우 음성 식품군(배추싹·깻잎싹·케일싹·오이싹·보리싹·돼지고기류·북어국)을 준비하여 쌈밥을 만들면 된다. 새싹채소의 진정한 맛과 향미를 느낄 수 있는 이 식단은 처음 먹는 이들에게는 약간 거부감이 들 수도 있지만 금방 친숙해질 것이다. 가장 영양소가 풍부하고 새싹의 기운이 왕성한 식품군이므로 자주 먹을수록 건강에는 유익하다.

준비물 : 셀러리싹, 무싹, 비트싹, 알팔파싹, 치커리싹, 아스파라거스싹 등 100g씩/
참기름 / 고추장/ 밑반찬 / 계란국 /현미밥

요리 포인트

① 새싹 채소군을 잘 씻어서 먹기 좋게 다듬어 종류별로 낸다.

② 계란국은 비린내가 나지 않도록 파를 적당량 뿌리고 너무 흐트러지지 않도록 살짝 깨서 잘 저어주는 것이 중요하다.

③ 이 식사에는 무김치류가 들어가면 더 좋다.

④ 채소만으로 부족하다고 느끼는 사람은 쇠고기를 볶아 내면 맛이 더 좋다.

* 새싹 콩나물국

술을 좋아하는 이들에게 권할 만한 해장식품이다. 콩나물이 해장에 좋다는 것은 널리 알려진 사실이다. 여기에 새싹채소를 함께 넣어 신선함과 영양가 그리고 숙취를 해소시키는 일석삼조의 효과를 노린 음식이다. 콩나물이 음성 식품이므로 부재료들도 음성 재료들로 맞춰 끓인다면 양체질의 숙취해소에 훌륭한 식품이 된다.

준비물 : 콩나물 300g / 마늘·대파·국간장 약간 / 배추, 시금치, 아욱, 양상치 등의
　　　　 새싹 채소류

요리 포인트

① 콩나물국을 끓일 때 뚜껑을 자주 열지 않는 것은 상식이다.

② 콩껍질을 잘 제거하되 꼬리 부분은 다 제거하지 않는 것이 오히려 건강에

　좋다. 영양소는 거기에 다 있기 때문이다.

③ 취향에 따라 소금이나 간장 간을 하는데 국간장이 부드러운 맛을 낸다.

④ 새싹 채소류는 끓이고 나서 넣어야 영양소 파괴를 최소화한다.

* 새싹 채소 비빔밥

베이비 채소라고도 부르는 적로메인, 치커리, 신선초, 다채, 청경채 등의 새싹을 이용하여 새싹 비빔밥으로 선보이는 음식군이다. 비빔밥에 들어가는 재료 전부를 각자의 체질에 맞춰 음양으로 구분해서 준비해 영양만점의 향긋한 비빔밥을 즐기면 된다.

준비물: 음체질 : 적무싹, 브로콜리싹, 무순, 알팔파 각 100g, / 공기밥 적당량 (가족분) / 무국 / 참기름 / 비빔고추장 / 식초, 설탕, 고춧가루 /각종 밑반찬

양체질 : 양배추싹, 청경채싹, 케일싹 / 공기밥 적당량(가족분) / 모시조개국 / 들기름/ 양념된장

요리 포인트

① 어린 새싹채소는 씻어서 체에 받쳐 물기를 빼고 종류별로 낸다.

② 비빔밥용 그릇에 밥을 담고 참기름 또는 들기름 1 작은술을 넣어둔다.

③ 밥에 새싹들을 종류대로 고루 펼쳐 올리고 비빔장을 곁들인다.

④ 싹이 으깨지지 않게 비빌 때 젓가락을 쓴다.

*새싹 북어국

아빠가 간밤에 술에 취해 들어온 경우 아침 식사용으로 제격이다. 숙취에서 벗어나 맑은 정신에 편한 속으로 출근토록 도와주는 것이 주부들의 지혜일 것이다. 북어국에 새싹채소 한 줌이면 간편한 해장국이 된다. 너무 얼큰하게 해서 속을 자극하기보다 부드럽게 풀어서 편안하게 해주는 것이 키 포인트.

준비물 : 북어포 약간 / 콩나물싹, 시금치싹
등 100g씩 / 양념

요리 포인트

① 북어포에서 북어를 먹기 좋게 얇게 찢는다.

② 새싹채소를 먹기 좋게 손질한다.

③ 냄비에 모든 재료를 넣고 끓이되, 새싹채소는 맨 나중에 열만 쏘이는 기분으로 넣는다.

*새싹말이 삼각김밥

아이들이 너무도 좋아하는 김밥에 새싹채소를 곁들여 먹임으로써 아이들이 새싹채소에 맛을 들이게 하고 가족의 건강을 돌볼 수 있게 한다. 비트싹은 색깔을 붉게 내고 철분이 풍부하다. 사탕수수싹은 연두색으로 단 맛이 돌아 김밥을 더 맛나게 하며 잎이 연해 식욕을 돋워 준다.

준비물 : 밥(가족수만큼) / 사탕수수싹, 비트싹 각 200g / 김 10장 / 단무지 / 계란 4개 / 참기름 / 소금 약간 / 다진 쇠고기(불고기 양념 – 간장, 설탕, 후추, 파, 마늘, 참기름)

요리 포인트

① 김밥 순서와 같다. 계란을 먼저 프라이팬에 익히고, 다진 쇠고기는 불고기 양념하여 볶아둔다.

② 단무지와 새싹채소는 김밥에 올릴 만큼 적당한 크기로 손질한다.

③ 밥을 참기름과 소금으로 미리 비벼놓는다.

④ 김을 펴고 밥과 재료를 넣어 말아 완성한다.

⑤ 예쁘게 잘라 그릇에 담아낸다.

*새싹 고등어 야채찜

입맛 없을 때 간고등어를 졸여 새싹 야채찜을 해 밥상에 올린다. 무대신 고구마와 함께 만들면 양체질 사람에게 아주 맛있는 영양 부식이 된다. 보리싹, 밀싹은 고등어의 비린 맛을 없애주고 야채의 향내를 은은하게 풍겨줘 부식으로 일품이다.

준비물 : 간 고등어 2마리 / 고구마 2개 / 간
장 / 식초 / 된장 약간 / 보리싹, 밀
싹 100g / 가지 100g

요리 포인트

① 간고등어를 물에 담가 간을 약간 빼고 먹을 만큼의 크기로 잘라둔다.

② 고구마를 고등어 크기로 적당히 잘라둔다. 가지는 크게 썰어둔다.

③ 된장 약간을 양념으로 쓰면 비린맛을 없애는 데 좋다.

④ 냄비에 고구마와 가지를 깔고 고등어를 넣어 양념장으로 간을 한 다음 졸
인다.

⑤ 식초를 한 방울 뿌리고 그 위에 새싹 채소류를 넣는다.

⑥ 그릇에 담아낸다.

＊메밀싹 메밀묵잡채

메밀로 올인하는 식품 요리이다. 곡류인 메밀은 음성 식품이다. 여기에 메밀
싹으로 맛과 향을 내고 메밀묵으로 잡채를 만드는 것이다. 음성 식품으로만 만
든 것이므로 양체질에게 아주 좋다. 여기에 돼지고기를 약간 가미하여 감칠맛
을 내도 좋다.

준비물 : 돼지고기(잡채용) 50g / 메밀묵 1
모 / 김치 약간 / 양념장 / 메밀싹
100g

요리 포인트

① 돼지고기는 결로 잘 찢어 메밀묵 길이 반만큼 잘라둔다.

② 메밀묵은 길쭉길쭉하게 썰고 김치는 배추 부분만 세로로 잘라둔다.

③ 메밀싹은 먹기 좋게 잘라둔다.

④ 돼지고기에 갖은 양념을 하고 간이 배게 한 다음 프라이팬에 볶아낸다.

⑤ 준비된 모든 재료를 가지런히 넣고 돼지고기를 같이 넣는다.

⑥ 양념장을 곁들여 잡채를 낸다.

* 돼지고기 새싹 된장 볶음

돼지고기는 보통 센불에 바로 볶아 쓰는 것이 영양도 보존되고 맛도 좋지만 여기서는 삶아서 쓰기로 한다. 기름을 쪽 뺀 삶은 돼지고기는 단백질 보충에도 좋은 영양식으로 음성 식품이다. 여기에 새싹 채소 주로 음성 식품군을 쓰되 돼지고기와 어울리는 콩싹, 메밀싹 등을 합쳐 된장 볶음으로 요리한다.

준비물 : 돼지고기 400g / 시금치 300g / 콩싹, 메밀싹, 팥싹 100g씩 / 볶음 양념 - 된
장, 고구마, 소주, 키위즙, 배즙, 설탕 약간, 녹말가루 약간 / 소금

① 돼지고기를 삶아 결대로 찢은 다음 먹기 좋게 3cm정도 잘라 녹말, 양념 간장 등으로 골고루 잰다. 간이 푹 배이게 한다.

② 시금치와 새싹채소를 데쳐 물기를 뺀 다음 볶아둔다.

③ 달군 프라이팬에 고기를 넣고 볶는다.

④ 된장을 물에 풀고 키위즙, 배즙, 약간의 설탕 등을 넣어 소스를 만든다.

⑤ 모든 재료를 프라이팬에 넣고 된장 소스가 물기가 다할 때까지 볶는다.

⑥ 먹기 좋게 담아낸다.

* 콩나물 새싹 오색채

콩나물은 전통적으로 우리가 많이 먹는 식품이다. 콩나물은 음성 식품이며 시원한 맛을 내며 해장과 감기에 좋다. 콩나물에 갖은 색깔의 새싹 채소를 넣어 버무리는 것이 콩나물 새싹 오색채이다.

음성의 보리싹, 완두콩싹, 배추싹, 깻잎싹 정도를 한데 모으면 알록달록 보기좋고 먹기 좋은 오색채가 된다. 양성 체질의 사람들에게 입맛을 돋우게 할 만한 건강식품이다.

준비물 : 콩나물 600g / 돼지고기200g / 보리싹, 배추싹, 깻잎싹 100g씩 / 갖은 양념 / 식초, 설탕, 소금 약간씩

요리 포인트

① 잡채 만들듯이 하는 간단한 요리이다.

② 콩나물은 비린내가 나지 않게 미리 삶아내고 오색 새싹채소를 4cm정도로 잘라 살짝 데친다.

③ 큰 그릇에 각종 야채를 보기 좋게 버무린다.

④ 버무리면서 식성에 따라 포도 또는 감식초를 곁들인다. 설탕은 조금만 넣는 것이 좋다.

⑤ 예쁜 유리 그릇에 보기 좋게 담아낸다.

* 쇠고기 새싹 셀러리 볶음

쇠고기도 양성 식품이고 셀러리도 마찬가지이다. 여기서는 다 자란 셀러리를 써도 무방하지만 셀러리 새싹으로 요리해도 먹을 만하다. 다 자란 셀러리를 쓸 경우는 대만 준비해서 살짝 데치면 아삭거리는 맛이 일품이다. 어린 새싹 셀러리는 볶은 고기와 데친 셀러리를 버무린 다음에 얹어 먹는 것이 더 좋다. 다 양성 식품이라 음체질에게 어울리며 치커리, 알팔파 등의 새싹을 함께 준비하면 좋다.

준비물 : 쇠고기 300g / 셀러리 200g / 알팔파, 치커리 새싹 100g씩 / 볶음 양념 / 마늘 / 정종 약간 / 피망, 붉은 고추, 파 약간

① 쇠고기는 결의 반대 방향으로 썰어 정종으로 버무려 냄새를 빼고 육질을
　 부드럽게 한다.

② 셀러리는 껍질을 벗기고 4cm정도로 먹기 좋게 잘라 살짝 데친다.

③ 피망, 붉은 고추 등을 채 썬다.

④ 고추, 파, 피망을 넣고 기름을 둘러 볶는다. 향이 진해지면 정종을 넣는다.

⑤ 쇠고기를 넣고 익을 때까지 볶는다.

⑥ 마지막에 데친 셀러리와 새싹채소를 넣어 살짝 볶는다. 보기 좋게 담아낸다.

* 쇠고기 새싹 전골

　쇠고기 전골은 가정에서 흔히 해 먹는 요리이다. 이 요리에 새싹채소를 얹어
신선함과 영양소를 충분히 섭취하자는 것이 이 요리의 목적이다. 쇠고기는 양성
식품이다. 여기에 어울리는 양성 채소류는 알팔파싹, 브로콜리싹, 비트싹, 무싹
등이다. 버섯류는 거의가 양성이므로 쇠고기 버섯 새싹 전골로 요리해도 훌륭한
양성 식품이 된다. 음체질에게 기를 돋우고 몸을 건강하게 하는 음식이다.

준비물 : 쇠고기 300g / 양송이 10개 / 표고
　　　 5장 / 팽이버섯 1봉 / 쪽파 반단 /
　　　 고기양념 /육수 / 알팔파, 브로콜
　　　 리, 비트, 무싹 등 새싹

요리 포인트

육수 국물을 준비한다. 사골뼈 등이 재료로 좋다. 팔팔 끓여 기름을 걸러낸 후 양념을 입맛에 맞게 한다.

① 쇠고기는 정육점에서 아예 전골거리로 달라고 주문한다. 먹기 좋게 잘라 양념에 무쳐둔다. 전골에 맨 고기를 넣으면 양념이 잘 배지 않는다.

② 양송이는 먹기 좋게 이등분하고 표고는 기둥을 뗀 다음 흙을 잘 씻어내고 물기를 뺀다.

③ 쪽파는 4cm 정도로 잘라둔다. 새싹채소도 먹기 좋게 잘라둔다.

④ 팽이버섯은 이등분하여 둔다.

⑤ 먼저 냄비에 갖은 재료를 골고루 펴서 넣고 육수를 넣되, 버섯류는 나중에 넣는다.

⑥ 다 끓으면 새싹채소를 넣어 살짝 끓인다.

* 해물 새싹 솥밥

입맛 없을 때 먹는 해물 솥밥은 몸과 마음을 상쾌하게 해주는 음식이다. 여기에 새싹채소를 넣어 솥밥의 구수한 향미와 새싹채소의 신선함을 동시에 맛볼 수 있다. 잔손이 많이 가서 귀찮기는 하지만 먹는 사람 입장에선 좋은 영양식이다. 솥밥에 들어가는 새우와 오징어, 굴은 음성 식품이다. 그러므로 양체질에 더 좋다. 새싹채소도 당연히 음성적인 것으로 고른다. 보리싹, 완두콩싹, 메밀싹을 준비하는 것이 좋다.

준비물 : 쌀(가족수만큼) / 잔새우 충분한 양(2컵 정도) / 오징어 1마리 / 가지 2개 / 간
장 / 식용유 / 멸치 육수 국물 약간 / 양념장 / 보리싹, 완두콩싹, 메밀싹 등

요리 포인트

① 잔새우살을 소금물에 헹구고 물기를 제거한다(체나 키친 타올 등으로).

② 오징어 껍질을 벗기고 내장을 제거한 후 먹기 좋은 크기로 잘라낸다. 치
아가 약하면 칼집을 미리 내두는 것도 좋다.

③ 쌀을 씻어 불려둔다(습기가 충분하게 스며들도록).

④ 쌀을 넣고, 가지와 해물류를 넣은 다음 간장과 식용유를 조금 넣는다.

⑤ 밥물 대신 멸치 육수를 넣고 밥을 한다.

⑥ 밥이 다 되면 그때 솥뚜껑을 열고 새싹채소를 넣어 김을 쏘이면 훨씬 맛
있는 해물 새싹 솥밥이 된다.

* 모듬 새싹 굴 샐러드

새싹채소는 몸의 독성을 제거해주고 배출해 주며 성인병을 예방해주는 효
능이 있다. 모듬 새싹 굴 샐러드는 비타민과 무기질이 풍부하고 특히 해산물
과 새싹이 빚어내는 조화로움이 감칠맛을 더한다. 굴은 음성 식품이므로 양체
질에 좋으며 음성을 띤 새싹을 같이 먹도록 하는 것이 좋다. 녹두, 메밀, 양배
추, 청경채 등의 새싹을 같이 올려 굴 샐러드를 만들면 음식궁합이 아주 잘 어
울린다.

준비물 : 생굴 500g / 녹두, 메밀, 적양배추, 청경채 등 새싹 약간 / 천연소금 약간 /
간장 드레싱(간장, 다시마물, 자몽즙, 설탕, 식초)

요리 포인트

① 굴은 신선한 것으로 우윳빛이 약간 도는 탱탱한 것으로 준비하여 소금물
에 헹군 다음 물기를 뺀다.

② 새싹채소를 먹기 좋게 2, 3등분한다.

③ 새싹채소는 생식할 것이므로 물 속에 담갔다가 물기를 빼고 둔다.

④ 넓은 접시에 준비한 재료들을 보기 좋게 얹고 간장드레싱을 뿌려낸다.

* 새싹 샌드위치

늘 분주한 일상 때문에 식사를 거르거나 패스트푸드로 한끼 식사를 대신하
는 사람들이 많아지고 있는데, 열량만 높고 영양은 부족한 패스트푸드와 달리
새싹채소를 이용해보자. 씹는 맛도 일품이고 영양도 훌륭한 식사 대용식 또는
간식이 된다.

준비물 : 쌀식빵 4장 / 적무싹, 브로콜리싹 황금무순 등의 새싹 100g씩 / 치즈 2장 /
겨자 소스, 토마토 1/2개, 양파 (양체질이 통밀식빵으로 샌드위치를 만들
때는 적양배추싹, 배추싹, 케일싹 등을 준비하고 오이, 사과 그리고 키위
드레싱을 섞으면 좋다.)

① 식빵(음체질은 쌀식빵, 양체질은 통밀 식빵)은 프라이팬에 앞뒤로 노릇하게 굽는다.

② 새싹채소는 씻어 물기를 빼고 둔다.

③ 식빵에 치즈, 토마토 슬라이스 2개, 양파 슬라이스 2개, 새싹채소를 차례로 얹어 샌드위치를 만든다.

④ 샌드위치를 대각선으로 이등분하여 보기 좋게 담아낸다.

4장

웰빙 생태체질 새싹 요법

체질에 따라 먹어야 할 것과 삼가해야 할 것들이 있다. 이 장에서는 그동안 살펴본 새싹채소에 대한 적용법을 안내하고자 한다. 음성 체질과 양성 체질이 다 같은 음식을 먹고 다 같은 효과를 보는 것은 결코 아니다. 자기 체질에 맞는 새싹채소를 먹어야 새싹채소의 올바른 효능을 맛볼 수 있는 것이다. 아래에 붙인 원고는 질병과 새싹채소의 관계 및 체질 섭생을 알기 쉽게 설명해놓은 글이므로 일독을 권한다.

1. 도전! 면역체계를 강화시키는 습관들

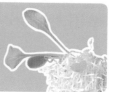

생활 습관만 고쳐도 면역력을 지키고 나아가 자연치유력을 높일 수 있다. 큰 돈을 들여 병원에 가서 치료하지 않아도 면역력을 높일 수 있으니 이것은 돈도 절약하고 몸도 좋게 만드는 일석이조의 방법이다. 사실 이런 방법들은 누구나 들으면 알 수 있고, 우리가 마음만 먹으면 얼마든지 실천할 수 있는 것들이라 가벼이 여길 수도 있다.

그러나 그런 용이함 때문에 오히려 사람들이 해보다 금방 싫증을 내고 쉬 지쳐버리고 포기하게 된다. 문제는 꾸준히 계속하는 것이다. 건강을 지키기 위해 헬스장을 일년 사시사철 찾는 정성의 절반의 절반이면 효과를 볼 수 있다. 도전!! 한 번 해보고 실패하면 또 도전해서 삶을 건강하게 유지토록 최선을 다 해보자.

먹거리를 새싹채소로 바꾸었다면 당연히 습관도 바꿔야 한다. 습관을 바꾸면 20년 더 사는 것은 문제도 아니다.

- 바른 짝짓기

모든 물질에는 짝이 있다. 우리는 그것을 흔히 알기 쉽게 궁합이라고 부른다.

음식물끼리도 맞는 것이 있고 운동 역시 체질과 밀접한 관계가 있다. 취미생활을 하는 것도 사람마다 같은 것을 할 필요도 할 수도 없는 일이다. 이것 역시 자기 몸에 맞는 취미 활동을 선택하는 것이 중요하다. 옷 색깔과 직업 등의 문제도 내 체질을 정확히 알고 체질에 맞게 취하는 것이 중요하다. 모든 사물에서 이 같은 짝짓기가 제대로 이루어지면 곧 자연친화요 환경친화가 된다. 이렇게만 된다면 생체내에서 안정을 취하게 되어 질병으로부터 강해지고 면역력도 높아지게 될 것이다.

- 편안한 마음을 갖는다.

이건 쉽지 않은 주문이다. 편안한 마음을 가지라고 누구나 다 이야기할 수 있겠으나 구체적인 방법론에 대해 이야기하긴 어렵다. 사람마다 처한 사정과 환경이 다르고 애로사항도 다르기 때문일 것이다. 그러나 어느 경우든 편안한 마음을 먹지 않고 안달복달하는 자세로는 일도 여의치 않게 되고 몸도 버릴 수밖에 없다.

모든 것은 마음에서 비롯된다. 욕심을 버리는 것도 훈련이라지만 자기 몸을 지키고 건강을 유지하기 위해서라도 마음을 비우고 상대를 배려하는 훈련을 해야 한다. 요즘 유행하는 명상이나 요가 같은 훈련도 다 이런 맥락에서 도움이 된다.

우리 몸은 정신의 지배를 받는다. 정신이 우울하고 초조해지면 아드레날린이 분비되면서 전신이 긴장하는 사태를 맞게 된다. 이런 상태로 밤을 새우고 늘

초조와 긴장이 계속되면 면역 체계가 깨어질 수밖에 없다. 건강을 잃으면 모든 것을 잃게 된다는 것을 명심해야 한다.

신경을 안정시켜 주는 새싹채소도 있다. 양체질은 해바라기싹, 음체질은 발아현미가 신경을 안정시키는 데 도움을 준다. 발아현미의 성분이 자율신경 실조증과 스트레스 대항력이 우수한 것으로 나타나고 있다.

초조와 긴장은 상대를 배려하는 마음보다 나를 더 주장하는 것에서 오며, 이 때 우리 몸은 열로 가득하게 되며 혈압도 오르게 된다.

- 숙면이 스트레스를 이긴다

실제 수많은 사람이 숙면을 하지 못한다. 푹 자는 것만큼 건강에 좋은 것은 없다. 얼마나 많은 사람이 불면증으로 고생하고 있는가. 수면제와 알코올 등에 의존해봐도 숙면은 불가능하다. 삶에 대한 걱정, 내일 쏟아질 과제에 대한 걱정, 입시에 대한 염려, 취직에 대한 걱정들이 우리를 잠 못 들게 한다. 이런 걱정 근심으로 잠 못 드는 것 외에도 커피와 술, 과식 등으로 인해 잠 못 드는 경우도 있다. 수면 시간이 문제가 아니라 모든 시름을 잊고 안정적인 수면을 이루는 것이 숙면이다.

자기가 숙면을 취한다고 생각하지만 전혀 그렇지 않은 경우도 있다. 대표적인 예가 코골이이다. 코를 심하게 고는 사람은 절대 숙면을 취할 수 없다. 산소 부족에다 무호흡증, 뒤척거림 등으로 숙면에 실패하고 있기 때문이다.

이런 경우 우선 생태체질섭생 식생활을 반드시 실천하고, 맨손체조를 좀 하고 잠자리에 드는 것(수면 직전 운동은 피하라)이 좋다. 정신적 긴장을 풀기 위해 40도 전후의 반신욕이나 마사지를 받는 것도 좋다. 또한 수면 시간을 늘 규칙적으로 맞출 것, 억지로 자지 말 것, 과식하지 말 것 그리고 완전히 소화시킨 후 잠잘 것 등을 지켜보도록 권한다. 여기에 식이요법으로, 저녁식사 때 음체질은 파와 양파, 호두를 많이 먹는 것이 좋다. 양체질은 호박죽 등을 먹거나 호박 새싹채소, 대추죽을 끓여 먹는 방법 등을 권한다. 이렇게 하면 잠이 드는 데 도움이 되고 숙면이 우리 몸의 피로를 줄여 면역력을 강화시킨다.

- 규칙적인 생체리듬을 지킨다

초등학교부터 가르치는 내용이지만 성인이 될수록 지키지 못하는 것이 규칙적인 생활이다. 식사시간, 배변시간, 취침 및 기상시간, 일하는 시간 등 일상생활을 규칙적으로 할 때 생체내의 항상성恒常性이 유지된다. 그때 우리 인체는 신진대사가 정상적으로 가동될 수 있기 때문이다.

- 자신에게 맞는 운동을 한다

운동만큼 자신과 가족을 소중하게 지켜주는 방법은 없다. 격렬하게 축구를 하고 테니스를 하는 방법, 마라톤을 하거나 등산을 즐기는 방법도 있겠으나 하루 한 시간쯤 산책하고 가볍게 대화하며 가족들과 담소하는 것만으로도 좋은 효과를 거둔다. 걷기 등의 유산소운동은 누구에게나 권할 수 있는 좋은 면역력 강화요법이다.

그러나 관절이나 허리에 통증이 있거나 특별한 병이 있거나 상황이 여의치 못할 때는 근처의 전문의들과 상담하여 가장 적합한 운동종목을 찾아야 한다.

- 적당히 긴장된 생활을 한다

즐겁게 일하라. 지나치지만 않으면 적당히 긴장된 상태로 일하는 것 자체가 건강을 지키는 지름길이다. 일없이 정신적으로 지쳐가는 것과 일에 탐닉하여 모든 것을 잃어버리는 것은 둘 다 바보짓이다. 일을 즐기며 감사해야 한다.

- 과도하게 기뻐하거나 슬퍼하지 않는다

동무 이제마의 사상체질론을 보면 너무 기뻐하거나 너무 슬퍼하는 것도 장기에 영향을 미친다고 했다. 지나침은 아니함만 못하다는 과유불급의 교훈이 우리 몸에도 적용된다는 것이다. 노래방에 가서 너무 놀다가 지쳐버린 사람들을 보게 되는데 노래 부르는 것도 마찬가지로 절제가 필요하다. 면역력 강화는 이런 절제심에서 온다.

- 신체의 균형 유지

바른 자세로 앉기, 편안한 신발신기 등으로 균형 잡힌 신체를 유지해야 한다.

가장 기초적인 것이지만 의외로 바른 자세로 앉아 있는 학생이나 직장인들을 만나기가 쉽지 않다. 신발도 겉모양만 중시하고 편안함은 뒷전으로 밀리고 있다. 바른 자세, 균형있는 생활이 건강을 지키는 지름길이다.

- 자연에 감사한다

내 자신이 접하는 대부분의 것들이 다른 사람의 수고로 제공된 것이며, 자연을 통해 생장된 먹거리들에 의해 생명을 유지하고 있다. 즉 내가 존재 할 수 있게 해주는 것은 자연(먹거리, 이웃 등)이니 그 모든 것에 감사해야 한다.

2. 질병에 따른 새싹 식용법

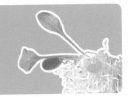

*당뇨

당뇨란 우리가 섭취한 영양물질이 세포로 들어가지 못하고 혈관 내에 떠돌다가 몸 밖으로 그냥 나와버리는 것, 다시 말해 세포가 문을 열지 않아 포도당이 소변을 통해 버려지는 것이다. 당뇨의 일차적인 원인은 췌장에서 분비하는 인슐린이 부족하거나 이용이 제대로 안 되기 때문이다. 당뇨병은 크게 1, 2형과

다른 질환에서 오는 합병증 등으로 나누어지는데 이것을 그냥 혈당 강하제나 인슐린 주사만으로 치료하는 것은 근시안적인 치료라고 볼 수밖에 없다. 그러므로 세포가 좋아하는 물질(음식)이 계속 들어온다면 인슐린의 활동이 강화되어 혈당은 아주 쉽게 정상으로 조절될 수 있다.

당뇨는 예전에는 성인들만 걸리는 병인 줄 알았지만 요즘은 식생활 질서의 혼란으로 아이들도 상당히 앓고 있는 질환이다. 한방당뇨연구회(회장 최유행)가 최근 10대 청소년의 성인병 환자를 위한 '성인병 피해가기 건강수칙 10계명'을 발표했는데 당뇨 환자들은 어른 아이 할 것 없이 귀 기울여 들을 만한 내용들이라 여기에 옮긴다.

연구회가 제시한 '청소년을 위한 성인병 피해가기 건강수칙 10계명'은 다음과 같다.

△ 부드러운 것 피하고 거친 음식에 입맛을 길들여라

△ 패스트푸드와 인스턴트 음식을 삼가라

△ 밥상은 무지갯 빛으로 골고루

△ 굶는 다이어트가 아이 망친다

△ 무엇이 좋은지 알고 먹어라

△ 생활습관 캘린더를 만들어라

△ 생활습관도 자신에 맞게 상담 받아라

△ 스트레스 탈출을 위한 가족대화와 놀이 시간을 가져라

△ 주말은 야외활동 시간으로 보내라

△ 많이 걷고 틈나는 대로 스트레칭하라.

소식, 규칙적 식사, 운동 등이 당뇨의 치료에 큰 도움이 됨을 알 수 있다. 여기에 소개하는 새싹 치료법도 좋은 치료 방법 중에 한 가지이다. 소개하는 새싹들을 중점적으로 섭취하고 적당히 운동하면 당뇨는 그리 겁낼 질병이 아니다.

- 새싹 치유법

새싹 채소류는 대부분 당뇨에 도움이 되지만 그 중에도 녹두싹, 밀싹, 뉴비트싹, 호로파싹, 완두콩싹, 보리싹 등이 혈당을 감소시키고 혈행을 원활히 하여 당뇨의 치료와 예방에 도움을 주는 것으로 알려져 있다. 특히 보리싹에는 세린이라는 성분이 들어 있어 인슐린 생성을 촉진하고 간기능을 강화하며 혈당을 낮추어준다. 이런 류의 새싹채소들을 늘 밥반찬으로, 혹은 샌드위치 속, 샐러드로 먹도록 하는 것이 중요하다. 당뇨는 무엇보다 소식이 중요하다. 새싹 채소는 많이 먹어도 배부르지 않고 필수 영양소가 많이 들어 있으니 반드시 중점적으로 섭취할 필요가 있다.

새싹 치료법을 실천하기 어려운 사람들은 체질에 맞는 일반적인 생태섭생법으로 얼마든지 정상회복이 가능하며 섭생 식사로 잘 낫는다. 그러나 당뇨에 효능이 있는 새싹이라 해도 반드시 내 체질에 맞을 때 효과가 난다.

* 새싹요리를 이용한 당뇨 식단의 예

	음체질에 좋은 식단	양체질에 좋은 식단
아침	발아현미생식(음) 또는 현미야채죽	발아보리생식(양) 또는 보리야채죽
	새싹 샐러드(브로콜리싹, 치커리싹, 무싹)	새싹샐러드(메밀싹, 양배추싹, 밀싹)
	겨자 소스	시금치 소스
점심	잡곡밥(발아현미+옥수수+흰쌀)	잡곡밥(녹두+보리+흰쌀)
	감자연근부침	해물순두부찌개
	계란찜	시금치나물
	새싹김말이(알팔파, 무싹)+겨자 소스	양배추싹 새싹말이 (해바라기싹, 청경채싹)+초간장
	무생채	백김치
저녁	잡곡밥(발아현미+율무+흰쌀)	잡곡밥(보리+검은콩+흰쌀)
	도토리묵무침	다시마새싹채소쌈 (쌈다시마, 메밀싹, 적양배추싹)
	버섯불고기(표고버섯, 양파)	숙주나물
	김구이	콩비지찌개
	새싹무침(알팔파, 무싹)	배추김치

*고혈압

　고혈압은 그 자체로는 큰 질병이 아니라고 여기는 사람들이 많으나 고혈압으로 인해 유발되는 혈관질병들은 심각한 결과를 가져온다는 점에서 각별한 주의가 필요하다. 특히 고혈압으로 인한 뇌졸중은 아무런 예고도 없이 찾아오는 불청객으로 국내 사망률이 10만 명당 73.2명에 달해 전체 사망률 2위에 해당하는 무서운 질병이다. 이 밖에도 고혈압은 각종 심장질환의 원인을 제공해 심장병의 주요 원인으로 꼽히기도 한다. 혈관 내벽에 지방과 콜레스테롤이 쌓여 혈관이 좁아지거나 혈액의 점도가 진해지는 경우 혈관벽의 압력이 높아져 고혈압이 된다.

혈관내에 압이 생기는 이유는 체내 독소가 신경계를 자극하여 혈류의 밸런스가 깨졌기 때문이다. 따라서 몸속에 들어가 독소를 남기지 않는 밥상, 세포가 좋아하는 음식으로 신경계를 자극하지 않는 밥상이 고혈압 개선의 핵심이다. 세포가 원하는 음식이 들어가면 체내에는 영양분이 풍부하므로 혈관 기능도 강화되어 혈액 순환이 순조롭게 이루어지는 것이다.

- 새싹 치유법

고혈압 등 혈관 질환에 좋은 효과를 발휘하는 새싹채소로는 우선 보리싹이 있다. 비타민과 철분, 엽산 등이 풍부해 혈관 질환 개선에 상당한 효과를 보인다. 보리싹이 가진 식물섬유는 소화가 되지 않은 채 장으로 밀려나가면서 노폐물을 쓸어낸다. 이때 과잉 콜레스테롤과 중성 지방, 염분도 같이 흡착하여 내보내므로 덩달아 장 운동이 활발해져 변비도 없어진다.

변비를 없애는 것이 고혈압 치료에 도움이 된다. 밀싹은 혈액 정화 기능이 있다. 혈액 속에 독소를 제거하는 기능이 요즘 학계의 관심을 모으고 있다. 마늘싹은 항암으로부터 여러 가지 독소 제거에 독특한 효능을 발휘하는데 혈관 질환에도 탁월한 효과를 보인다. 또 메밀싹, 홍화싹, 뉴비트싹 등이 고혈압 치료에 도움이 된다. 해바라기싹도 꼽을 수 있는데 동맥 경화에 좋다고 하여 예부터 동의학 치료제로 쓰여 왔다. 해바라기싹은 신경 과민에도 도움을 준다고 한다. 이 밖에 들깨싹도 오메가 3지방산이 고혈압 치료에 도움을 준다고 하여 즐겨 찾는다.

발아현미도 고혈압 치료에 특효가 있다. 많은 개선 효과 사례들이 학계에 보고되고 있는데 이것은 발아현미가 칼륨 칼슘 마그네슘과 같은 무기질(미네랄)과 불포화지방산이 혈압 저하 효과를 나타내는 것과 무관하지 않은 것으로 보인다.

이 같은 체질에 맞는 새싹 채소의 섭취만으로도 어느 정도 치료가 가능하며 증세가 완화되지 않을 경우 전문적인 생태섭생지도를 병행하면 좋아질 수 있다. 이 역시 전문가의 도움을 받도록 권한다.

* 새싹요리를 이용한 고혈압 식단의 예

	음체질에 좋은 식단	양체질에 좋은 식단
아침	발아현미생식(음) 또는 현미죽	발아보리생식(양) 또는 발아녹두죽
	새싹 샐러드(무싹, 홍화싹, 브로콜리싹)	새싹 샐러드(녹두싹, 메밀싹, 양배추싹)
	프렌치 드레싱	키위 드레싱

	음체질에 좋은 식단	양체질에 좋은 식단
점심	잡곡밥(발아현미+율무+흰쌀)	잡곡밥(검은콩+완두콩+흰쌀)
	고사리나물	우엉볶음
	감자피망볶음	새싹해물샐러드 (보리싹, 밀싹, 새우, 오징어)- 간장 소스
	김구이	가지나물
	새싹겉절이(알팔파싹, 순무싹, 마늘싹)	배추백김치
	총각김치	
저녁	잡곡밥(발아현미+조+수수+흰쌀)	잡곡밥(발아통밀+보리+흰쌀)
	미나리무침	두부조림
	표고버섯볶음	멸치볶음
	톳나물무침	콩나물무침
	새싹야채무침(쑥갓, 비트싹, 브로콜리싹)	새싹야채무침 (해바라기싹, 녹두싹, 들깨싹)-된장 소스
	열무김치	오이생채

*노화

노화를 막아보려는 욕구는 인류사와 맥을 같이한다. 진나라의 시황제도 불사약을 구하기 위해 수많은 군대를 파견했다. 인류의 영원한 숙제는 노화를 막는 비결을 찾는 것이었다. 그러나 아무도 노화를 막을 수는 없었다.

최근 들어 노화에 대한 연구가 체계화되고 연구 결과들이 축적되면서 다양한 노화 방지책들이 선보이고 있다. 이런 방법들이 질병을 고치고 인류의 수명을 늘리는 데는 기여해 왔지만 노화 자체를 획기적으로 늦추는 데까지는 이르지 못하고 있다. 현대인은 젊음을 늙어죽을 때까지 유지하고 싶어 한다. 국내에서도 노화유전자 기능연구센터와 같은 곳에서 이 분야에 대한 전문적인 연구를 계속하고 있다. 그런 노력들의 하나로 등장한 여러 이론 가운데 하나가 장내 세균을 좋은 균으로 바꾸려는 노력들이다. 세키구치 히로유키 같은 일본의 전문가들도 이런 측면에서 접근하고 있는 사람들 가운데 하나이다. 그의 말을 들어보자.

"노화에 직접 영향을 미치는 것은 장이라고 해도 과언이 아니다. 아이들 대변을 보면 황금색이 나고 냄새도 거의 없다. 나쁜 세균들이 거의 없기 때문이다. 비피더스균과 같은 좋은 기능의 균들이 나쁜 세균들을 멸절하기 때문이다. 그러나 이런 현상은 나이를 먹어가며 역전된다. 성장하고 나이를 먹어갈수록 나쁜 세균들이 득실거리고 장은 점점 기능을 상실해 간다. 나이를 먹으면 소화가 안 되는 것은 다 이런 이치에서이다. 노인의 변은 젊은이들 것보다 악취가 심하다. 체력이 약한 환자의 변도 건강한 이들 것보다 심하다."

노화와 장에 관한 변수에 주목한 학자는 TV 광고에서 유명한 러시아 면역학 연구자인 노벨상 수상자 일리야 메치니코프 박사이다. 그는 "사람이 노화하는 것은 장내에서 부패현상이 일어나 그 결과 만들어진 유해물질이 인체의 면역력을 약화시킨 것이 원인이므로, 이것을 막으면 불로장수할 수 있다"고 주장했다.

그런 노화 방지에 특정한 약물을 투여하지 않고도 거의 비슷한 결과를 얻어낼 수 있는 방법이 있다. 바로 새싹채소 식습관이다.

*새싹 노화방지법

보리싹은 바로 이런 면에서 최고의 자연 치료제이자 면역력 강화제이다. 일본에선 보리싹으로 만든 요구르트가 유행이다. 보리싹은 암, 노화 ,동맥경화 등을 예방해주는 SOD를 함유하고 있다. 게다가 장을 튼튼하게 하는 새싹채소 중 가장 강력한 기능을 가진 작물이다. 그러므로 보리싹을 어떻게 몸에 흡수시킬 수 있는가에 특별한 관심을 쏟을 필요가 있다.

보리싹을 매일 요리로 해 먹으면 싫증이 나고 까다로운 우리 입맛을 질리게 할 수도 있다. 그래서 나온 것이 보리싹 청즙이다. 보리싹으로 만든 즙을 마시면 가장 효과적인 장기능 강화가 이루어진다. 자연스레 노화도 방지하고 대장암도 예방할 수 있는 것이다. 비슷한 기능을 하는 새싹 채소류는 양배추싹, 적양배추싹이 있다. 이들 안에 들어 있는 셀레늄이 노화방지에 특별한 기능을 갖고 있기 때문이다. 그러나 역시 체질에 맞을 때 체내에서 완전 연소되어 신진대사가 왕성해지고 독소가 남지 않게 된다.

* 새싹요리를 이용한 노화방지 식단의 예

	음체질에 좋은 식단	양체질에 좋은 식단
아침	발아현미생식(음) 또는 현미호두죽	발아보리생식(양) 또는 전복죽
	새싹 샐러드(알팔파, 크레스싹)	새싹 샐러드(보리싹, 콩나물싹, 양배추싹)
	이탈리안 드레싱	들깨 소스
점심	새싹비빔밥 (현미밥, 무싹, 브로콜리싹, 팽이버섯, 알팔파)	새싹비빔밥 (보리밥, 콩나물, 양배추싹, 배추싹)
	볶음고추장 소스	양념간장
저녁	잡곡밥(발아현미+율무+흰쌀)	잡곡밥(완두콩밥)
	연어구이	꽁치구이
	파래무무침	머위대들깨나물
	마늘장아찌	배추김치
	새싹김말이(알팔파, 무싹, 순무싹)+겨자 소스	돼지고기 새싹 된장볶음 (콩싹, 메밀싹, 팥싹)

*암

암은 현대인들이 가장 두려워하는 질병이다. 걸렸다 하면 죽는다는 강박감을 갖고 있고 항암 치료에 워낙 많은 비용과 후유증이라는 대가를 지불해야 하므로 모든 성인이 이에 대한 막연한 두려움을 갖고 있는 것이다. 일반적으로 암의 원인을 환경오염, 과도한 스트레스, 기호품과 약물의 남용, 오염되거나 변질된 음식 등으로 꼽는다.

그러나 더 근원적인 원인은 자기 체질에 맞지 않는 음식물의 지속적인 섭취에 있다. 체질에 맞지 않는 음식은 우리 몸속에서 불완전 연소되어 활성산소를 만들고 세포의 이상반응을 일으킨다. 그로 인해 우리 몸속에서 비정상적인 세포 조직이 형성되면서 정상적인 세포를 만드는 데 필요한 정보를 주는 DNA가 손상되고 종양, 암으로 진행되는 것이다.

따라서 체질에 맞는 음식을 제대로 먹어주면서 발암 원인으로 밝혀진 요소들을 피해주면 우리 몸속의 세포가 강해지고 정상세포의 면역력이 높아져 암세포의 증식을 막을 수 있다.

특히 항암기능을 가지는 새싹채소가 많아 이를 잘 활용하면 면역력이 강해져서 암 예방은 물론 치료에도 상당한 효과를 볼 수 있을 거라 기대하고 있다.

- 새싹 치유법

최근 항암 기능을 갖는 신물질로 각광받는 것이 바로 SOD이다. 앞에서도 여러 번 이야기했지만 이 물질은 활성산소 제거에 탁월한 효능이 있다. SOD는 활성산소를 억제하므로 과다한 활성산소가 일으키는 암, 노화, 당뇨, 동맥경화, 치매 등에 우수한 예방 효과를 나타내는 것이다.

그런 물질을 많이 가진 새싹채소들이 다행히 나와 있다. 우선 보리싹이 좋은 작물이다. 또 활성산소를 제거하는 오렌지 색소(카로틴)를 많이 함유한 당근, 쑥, 브로콜리, 순무, 밀, 마늘, 더덕 등의 싹에는 주 성분과 함유물질이 다르나 항암물질이 다양하게 들어 있어 섭취하면 상당한 도움을 받을 수 있다.

암 치료는 상당한 인내와 시간, 돈이 필요하다. 한국섭생연구원은 천연치료 센터의 다양한 치료법과 체계적인 생태섭생연구로 섭생 사례들을 통해 암 연구에 이바지하고 있다.

* 새싹요리를 이용한 암환자 식단의 예

	음체질에 좋은 식단	양체질에 좋은 식단
아침	발아현미생식(음) 또는 발아현미죽	발아보리생식(양) 또는 발아보리죽
	새싹 샐러드(브로콜리싹, 겨자싹, 무싹)	새싹 샐러드(양배추싹, 케일싹, 메밀싹)
	참깨 드레싱	흰콩 드레싱
점심	잡곡밥(발아현미+율무+흰쌀)	잡곡밥(검은콩+보리+흰쌀)
	새송이버섯나물(피망, 양파)	청국장찌개
	새싹모듬쌈(셀러리싹, 무싹, 비트싹)	양배추찜 새싹말이 (해바라기싹, 청경채싹)+초간장
	마늘장아찌	호박전
	열무김치	백김치
저녁	발아현미생식(음) 또는 율무죽	발아보리생식(양) 또는 검은콩죽
	새싹초무침(알팔파싹, 순무싹, 마늘싹)	새싹초무침(다채싹, 배추싹, 케일싹)
	찐감자 한 알	찐고구마 한 알(소)

*치매

레이건 전대통령으로 인해 유명해진 치매 증세는 노인성 불치 질환으로 성인들을 두렵게 하는 대표적 질병이다. 아직까지 정확한 질병의 근원을 밝혀내지 못하고 있고 치료법 또한 특별한 대책이 없는 상황이다. 그러나 실제 치매의 주된 원인은 혈액 내 독소이다. 특히 체질에 맞지 않는 육류 단백질의 분해산물들은 몸에 독소로 작용하여 세포를 공격하고 세포를 죽이게 된다. 치매에 걸리면 지속적인 기억력, 사고력, 계산력, 언어 및 판단력의 저하, 정신지체 증상, 일상생활 동작 저하 등의 증상이 나타난다.

- 새싹 치유법

치매에 새싹채소가 좋다는 것은 일본 연구자들이 사례 연구로 발표하고 있다. 그 가운데 하나가 발아현미이다. 발아현미는 여러 분야에서 좋다고 익히 들어 왔지만 실제 치매 예방에 효과가 있다는 것이 전문가들의 증언이다. 일본의 천연 식재 연구가인 오오미 준은 발아현미 속에 포함된 아미노산의 성분 중에 티로신이 노인성 치매의 예방 성분이라고 밝히고 있다. 이는 근육을 강화하고 지방을 분해하는 기능을 가진 것으로 알려져 있다.

최근 연구로는 알츠하이머 질병을 앓고 있는 환자의 혈액은 그렇지 않은 노인의 혈액과 비교해볼 때, 비타민 B_1이 현저하게 떨어진다고 한다. 이로 인해 알츠하이머 치료에 비타민 B_1을 많이 활용하고 있는 것이다. 이것이 다량 들어 있는 작물이 바로 보리싹이다. 백미쌀의 10배, 현미에 비해서도 두 배 이상 들어 있다. 비타민 B_1은 부록으로 각기병과 당대사의 조절 기능도 해주니 이를 많이 먹으면 부작용도 없고 여러 가지 성인병도 예방 치료가 가능해지는 셈이다. 발아현미는 음체질이, 보리싹은 양체질이 섭취해야 효과를 볼 수 있다.

*심장병과 동맥경화

이는 혈관질환과 밀접한 관계가 있고 고혈압과도 관계가 있다. 현대인들은 특히 짜게 먹고 활동은 적으며 환경마저도 최악의 상태에서 살고 있다. 스트레스 또한 대단하여 과중한 업무 스트레스와 대인 스트레스가 심장병의 한 원인으로 꼽히고 있다. 동맥경화 역시 바르지 못한 식습관과 콜레스테롤 과다 섭취 등이 관련 질병을 확산시키고 있다.

심장질환에는 원인에 따라 선천성 심질환(심장기형)과 류머티즘성 심질환, 매독성 심질환, 고혈압성 심질환, 기타 협심증이나 심근경색 등의 관상동맥질환을 비롯하여 감염성 심내막염, 심근염과 심근증, 갑상선성 심질환 등 다양한 질병들이 존재한다.

- 새싹 치유법

혈관 질환으로 인한 동맥경화와 심장병의 경우는 앞에서 예를 든 고혈압 예방 치료에 쓰는 새싹채소들이 다 유익하다. 보리싹, 밀싹, 뉴비트싹, 해바라기싹 등이 혈관 질환에 좋다. 그리고 알팔파싹과 콩싹, 녹두싹이 콜레스테롤 저하에 도움이 되는 작물들이므로 체질에 맞게 섭취하면 된다.

*비만

현대인에게 가장 큰 적의 하나가 비만이다. 많은 사람이 살을 빼기 위해 뛰고, 헬스를 즐기지만 여전히 비만에 대한 걱정은 끊이지 않는다. 비만의 원인을 많이 먹고 덜 움직이기 때문이라고 생각하고 있지만, 체질에 맞지 않는 여러 음식물을 섭취할 때 체내에서 불완전 연소로 생긴 독소 등이 세포에게 준 스트레스로 생긴다. 비만을 크게 문제 삼지 않는 사람들도 있는데 거의 모든 성인병의 근본 원인이 여기서 비롯된다는 것을 생각해보면 결코 가볍게 볼 일이 아니다.

이를 치유하기 위해서는 우선 동물성 지방을 삼가야 한다. 당류도 마찬가지이다. 흰빵과 밀가루 음식, 알코올, 인스턴트 음식이 비만을 재촉한다. 그러나 올바른 식습관과 운동으로 비만을 해결할 수 있다. 적절한 운동을 하면서 몸에 맞는 음식들을 영양의 균형에 맞게 규칙적으로 끼니를 거르지 말고 섭취해야 한다. 그러면 비만을 근본적으로 해결할 수 있는 질환이다.

- 새싹 치유법

어쨌든 비만은 체내에 독소가 많이 쌓여 있다는 반증이다. 몸에 맞지 않는 음식물 섭취와 운동 부족이 일차적인 원인이다. 그렇기에 발아현미로 밥을 먹으면 비만 해소에 확실한 효과를 볼 수 있으며 실제로 상당히 많은 치유 사례들이 보고되고 있다. 배추싹과 메밀싹도 모두 저칼로리여서 다이어트에는 탁월한 효능을 발휘한다. 거의 모든 새싹 채소는 식물 섬유로 인해 비만을 해소하고 변비를 해결하며 장내 흡수를 돕기 때문에 체질에 맞게 골라 먹는다면 충분히 섭취해도 비만을 방지해준다.

* 새싹요리를 이용한 비만 식단의 예

	음체질에 좋은 식단	양체질에 좋은 식단
아침	발아현미생식(음) 또는 율무죽	발아보리생식(양) 또는 호박죽
	새싹 샐러드(브로콜리싹, 겨자싹, 무싹)	새싹 샐러드(양배추싹, 케일싹, 메밀싹)
	참깨 드레싱	흰콩 드레싱
점심	잡곡밥(현미+율무+흰쌀)	잡곡밥(검은콩+보리+흰쌀)
	도토리묵무침(쑥갓)	고등어구이
	무초절임새싹쌈(알팔파싹, 비트싹)+겨자 소스	오이생채
	느타리버섯무침	새싹깻잎쌈(보리싹, 로메인싹)+된장 소스
	깍뚜기	메밀묵무침
저녁	잡곡밥(발아현미+율무+현미)	잡곡밥(발아통밀+보리+흰쌀)
	연근조림	더덕구이(된장무침)
	도라지새싹생채 (브로콜리싹, 적무순, 도라지)	애호박조갯살나물
	재첩국(무, 부추)	새싹밀쌈(밀전병, 녹두싹, 케일싹)+초간장
	열무김치	배추김치

*간질환

　우리나라 성인들의 간질환은 상당수가 알코올 과다로 인한 지방간과 간질환일 것이다. 두주불사형을 호인으로 칭하는 오래된 관습이 이런 풍토를 낳았다. 게다가 쉬지 않고 과중한 업무로 지쳐 가면서 몸에 맞지 않는 여러 가지 음식물들을 섭취해 간 기능이 크게 나빠진 경우가 많다. 이런 경우일수록 푹 쉬면서 생태 체질식을 철저히 해야 하고 적당히 운동하면서 스트레스로부터 탈출하면 쉽게 낫는다. 새싹 치유법은 생활 속에서 쉽게 할 수 있는 방법이다.

- 새싹 치유법

　강화도의 특산물 순무싹은 간염과 황달에 좋다고 하여 옛부터 좋은 약재로 평가받았다. 여기에 크레스싹과 더덕싹이 간질환에 효과가 있는 것으로 알려져 있다. 적양배추싹은 간기능 회복에 좋고 밀싹은 혈액 정화 기능이 있어 궁극적으로 간기능을 돕는다.

* 새싹요리를 이용한 간질환 식단의 예

	음체질에 좋은 식단	양체질에 좋은 식단
아침	발아현미생식(음) 또는 현미야채죽	발아보리생식(양) 또는 보리야채죽
	새싹 샐러드(크레스싹, 브로콜리싹, 아스파라거스싹)	새싹 샐러드(메밀싹, 더덕싹, 양배추싹)
	겨자 소스	시금치 소스

점심	잡곡밥(발아현미+조+흰쌀)	잡곡밥(검은콩+보리+흰쌀)
	추어탕(무청)	모듬새싹굴샐러드(적양배추싹, 더덕싹)
		두부들기름부침
	돌나물새싹 야채겉절이(순무싹, 크레스싹)	고구마땅콩조림
	갓김치	배추김치
저녁	율무밥	팥밥
	재첩국(무, 부추)	코다리찜
	김구이	청포묵무침
	새송이버섯구이	가지나물
	열무김치	배추김치
	새싹겉절이(크레스싹 알팔파싹, 순무싹)	양배추찜 새싹말이 (해바라기싹, 청경채싹)+초간장

* 스트레스

스트레스를 받지 않고 살 수 있는 방법은 없다. 스트레스는 적당히 받으면 삶의 활력소가 되고 경쟁에서 뒤쳐지지 않게 하는 견인차의 역할을 할 수도 있다. 그러나 스트레스가 과중해지면 인체에 무리가 가고 정신적인 질환은 물론, 신체적 기능 이상으로 나타나는 경우가 제법 있다. 스트레스로 인한 위장장애, 과민성 대장장애, 아토피성 피부염, 우울증, 신경마비 등 복잡하고 다양한 질병들이 출현하게 된다.

나름대로의 스트레스 탈출법을 찾기도 하고 레저생활과 취미생활로 벗어나려고 하지만 짬이 없어 실천하지 못하는 이들도 있다. 그런 이들에게 권하고 싶은 스트레스 치유법이 바로 새싹 치유법이다.

- 새싹 치유법

발아현미는 탁월한 효능을 발휘한다. 발아현미에 포함된 아미노산 중 페닐알라닌은 갑상선의 티록신 호르몬 분비를 촉진시킨다. 이 호르몬은 신경 호르몬을 이동시키는 기능을 한다. 그래서 정신 안정에 도움을 준다. 결과적으로 발아현미가 정신 안정에 효능을 발휘하는 것이다. 또 발아현미는 발아하는 중에 비타민 B_1, B_2, B_6 판토텐산, 니코틴산, 엽산 등이 많이 증가하므로 에너지 대사를 높이고 면역력을 높여 스트레스를 이기게 한다. 새싹 채소류는 기본적으로 신선하고 비타민과 미네랄이 풍부해 스트레스에 약해진 우리 몸의 면역 체계를 바로잡아주는 데 도움을 준다. 전에는 웬만한 스트레스는 잘 이겨냈는데 요즘은 상사의 잔소리만 들어도 화가 머리끝까지 난다는 사람들이 있을 것이다. 이런 경우가 스트레스에 과민해진 것이다. 스트레스 탈출이 잘 안 될 경우 발아현미 요법을 이용해볼 것을 권한다. 더 자세한 내용을 알고 싶다면 한국섭생연구원으로 문의하면 된다.

이 밖의 증상에 맞는 새싹 채소류를 양체질 / 음체질 순으로 정리했다.

- 각기병 : 보리싹, 밀싹 / 마늘싹, 쑥싹, 무싹
- 해독 : 케일싹, 녹두싹 / 겨자싹, 무싹

– 천식 : 밀싹, 클로버싹 / 무싹, 마늘싹, 비트싹

– 녹내장 : 밀싹

– 설사 : 메밀싹 / 마늘싹

– 위경련 : 양배추싹 / 쑥싹

– 위액 조절 : 양배추싹, 시금치싹 / 컴프리싹, 도라지싹

– 빈혈 : 상치싹, 양배추싹 / 파슬리싹, 컴프리싹, 호로파싹

– 폐질환 : 시금치싹, 완두싹 / 무싹, 도라지싹

–신장 배뇨 : 밀싹, 보리싹 / 비트싹, 쑥싹

– 냉증 : 상치싹, 시금치싹 / 적무싹, 부추싹, 쑥싹

– 신경계 : 해바라기싹, 상치싹, 밀싹 / 당근싹, 무싹

– 감기 : 메밀싹, 콩싹, 시금치싹 / 부추싹, 무싹, 도라지싹

3. 면역체계를 강하게 하는 전략

이것은 우리 몸을 믿고 스스로 방어할 수 있는 힘을 길러주자는 것이다.

우리 몸은 튼튼해 보이지만 사실 이 순간에도 끊임없이 외부 미생물들의 침입을 받고 있다. 그러므로 우리 몸이 약해지면 즉, 면역기능이 약해지면 언제

라도 병균들이 공격 대상으로 삼게 된다. 병원균과 우리 몸은 전쟁터에서 성을 빼앗고 지키는, 공격과 수비의 한판 전쟁터를 방불케 한다.

인류가 탄생한 이래, 가장 뛰어난 연구자나 의사들도 아직까지 병원균을 완전하게 차단할 수 있는 방법을 개발한 적은 없었다. 그러므로 평상시에 몸을 잘 돌보고 튼튼하게 하여 면역력을 기르는 것이 질병을 예방하는 가장 확실한 방법이다.

최근 들어 학계의 연구 결과를 보면 암세포를 공격하는 인체의 항암세포 가운데 NK세포가 공격능력이 뛰어난 것으로 밝혀지고 있다. 우리 몸의 림프구는 적의 약점을 기억하는 능력이 있어서 같은 성질을 지닌 적이 다시 들어오면 항체를 만들어 적을 공격하게 된다. 이것이 면역의 원리이다.

림프구에는 T세포와 B세포, NK세포 등이 있으며 그 가운데서도 NK세포가 암세포를 공격하는 능력이 뛰어나다. 그렇다면 NK세포가 잘 자라고 튼튼해지도록 하는 방법은 무엇일까?

아쉽게도 우리에게는 선택적으로 특정한 세포를 강하게 할 수 있는 기술이 없다. 따라서 이들 세포가 속해 있는 림프구가 약해지지 않도록 지켜주는 것이 일차적인 방어수단이다.

림프구를 약화시키는 주범은 바로 몸에 맞지 않는 식사와 스트레스이다. 필자는 스트레스와 몸에 맞지 않는 식사가 림프구의 활동력을 저하시키고 과립구를 증식시킨다는 연구결과를 내놓았다.

알려진 바로는 스트레스로 림프구가 위축되면 바이러스성 질환이나 암에 걸리기 쉽다. 또 이상 증식된 과립구가 항원뿐 아니라 인체조직을 공격해 면역력을 약화시킨다. 그러나 반대로 림프구가 과도하게 많아지면 이 또한 문제를 일으켜 천식, 아토피성 피부염이나 알레르기 질환의 원인이 되기도 한다.

그러므로 림프구는 많아도 문제요, 적어도 문제이다. 그렇다면 적당한 자극을 주되, 지나치지 않아야 한다는 것이다. 동양 철학에서 중용의 원칙이 우리 몸에도 해당되는 것이니, 가장 중요한 것은 스트레스를 적당히 피하면서 운동과 단련 등을 계속하는 것이다. 이와 함께 식습관을 바르게 하여 과도한 음식물로 몸을 약화시키거나 자극을 주지 않도록 하고 몸에 이로운 음식을 많이 섭취하는 것이다. 면역요법이란 특별한 방법이 따로 있는 것이 아니다.

바로 내 몸에 맞는 음식물로 균형 있는 식단을 갖춰 섭취하는 것이 면역강화의 지름길인 것이다.

앞에서 이야기한 림프구를 튼튼하게 그리고 적당한 양으로 관리하는 방법 가운데 하나가 비타민과 무기질을 적당하게 섭취하는 것이다. 비타민과 무기질은 면역기능 활성화에 관여하여 우리 몸의 면역기능에 큰 영향을 미친다.

비타민 B군 중 비타민 B_6(피리독신)이 모자라면 면역세포인 림프구가 제대로 생성되지 않는다. 또 엽산이 결핍되면 대식세포의 식균 기능이 약화된다. 그렇다고 이것을 충족시키기 위해 별도의 비타민을 사 먹을 필요는 없다. 우유와 계란에는 100g당 각각 0.042와 0.120mg의 비타민B_6가 들어 있다. 그런데 새싹

채소인 알팔파싹과 무싹에는 각각 0.034mg과 0.285mg이 들어 있다. 그러므로 이들 새싹채소만으로도 필요한 비타민 B_6를 충분히 섭취할 수 있는 것이다.

또 항산화 기능이 있는 비타민 A와 비타민 C 및 E를 섭취하면 T림프구 기능을 정상화하는 데 도움이 된다. 비타민 E는 세포막의 불포화 지방산을 산화적 손상으로부터 보호하여 면역 기능을 증가시키는 고마운 물질이다. 비타민 A를 많이 함유한 새싹채소는 시금치로, 다른 어떤 채소보다 함유량이 월등하다. 이 뒤를 이어 무싹, 완두싹, 알팔파싹 등이 많은 양을 자랑한다. 이런 채소들을 듬뿍 섭취하면 저절로 면역 기능이 향상되는 것이다.

한편 우리가 별로 관심을 갖지 않고 있는 무기질, 예를 들자면 칼슘, 철, 구리, 마그네슘, 인, 나트륨, 아연, 망간, 셀레늄도 모자라면 면역 기능이 떨어지는 요인이 될 수 있다. 완두싹, 렌즈콩싹, 녹두싹, 알팔파싹, 무싹 등을 먹으면 이런 걱정은 더이상 하지 않아도 된다. 이 새싹채소들은 충분한 무기질을 함유하고 있어 면역력도 높여 준다. 그리고 농약 등을 염려하지 않고 신선한 채소를 마음껏 먹을 수 있다는 장점도 갖고 있다.

<전국 종묘상 전화번호>

서울

대한세평(주)	02-563-6150	서울-강남-역삼
한일종묘사	02-2613-8309	서울-구로-오류
광일종묘사	02-535-2201	서울-서초반포
미림종묘	02-571-8413	서울-서초-우면
정농종묘	02-403-6255	서울-송파-가락
삼구농원	02-414-4589	서울-송파-가락
신젠타종묘(주)	02-3210-0592	서울-종로-공평
한아름종묘사	02-2278-4110	서울-종로-종로
아람원예종묘	02-2273-8560	서울-종로-종로
아람종묘	02-2273-8415	서울-종로-종로
아리랑원예사	02-2266-9576	서울-종로-종로
유림종묘	02-2266-7354	서울-종로-종로
중앙종묘사	02-2272-6656	서울-종로-종로
한농종묘	02-2269-4191	서울-종로-종로
동서농예	053-423-8311	서울-중구-태평로

경기도

홍농종묘	031-582-2725	경기-가평-가평
청평종묘농약사	031-584-5196	경기-가평-외서
중앙종묘사	031-585-8822	경기-가평-하
신젠타종묘(주)	031-767-5144	경기-광주-목4
한농종묘농약	031-552-7054	경기-구리-교분
한일종묘	031-841-6111	경기-남양주-별
중앙종묘사	031-865-7312	경기-동두천-생
군자종묘농약사	031-494-5100	경기-시흥-거모

홍농종묘사(안성)	031-673-3201	경기-안성-서인
대농종묘	031-772-2614	경기-양평-양서
삼진종묘	031-886-4110	경기-여주-여주
대농종묘사	031-833-0609	경기-연천-미산
서울종묘사	031-832-2124	경기-연천-전곡
금성종묘사	031-374-3068	경기-오산-오산
신신종묘연구농장(주)	031-332-2018	경기-용인-양지
홍농종묘사모현	031-334-1530	경기-용인-모현
홍농종묘사	031-877-7881	경기-의정부-녹
동원종묘농약사	031-846-4424	경기-의정부-의
현대종묘(주)	031-633-1519	경기-이천-부발
중앙농원	031-947-0073	경기-파주-광탄
부국원	031-952-3403	경기-파주-문산
홍농종묘	031-655-0388	경기-평택-비전
수원종묘사	031-656-2888	경기-평택-세교
영진종묘사	031-542-1170	경기-포천-소흘
동신종묘	031-792-2771	경기-하남-덕풍
홍농종묘사	031-357-0639	경기-화성-송산
상록수(씨앗)	031-358-4560	경기-화성-우정
강화종묘농원	031-932-0513	인천-강화-선원
농민백화점부평점	032-518-0401	인천-부평-부평
농우바이오(주)	031-213-4321	경기-수원-영통
수원종묘사	031-251-2550	경기-수원-팔달
중앙종묘(주)	031-422-1517	경기-안양-동안
홍농종묘사	031-754-8911	경기-성남-중원

경상북도

외촌종묘상	053-853-6055	경북-경산-와촌
건영종묘농원	053-851-2523	경북-경산-하양
중앙농약종묘사	053-742-5535	경북-경주-동부
한농농자재상가	053-456-8421	경북-구미-지산
이천농약종묘사	053-430-5237	경북-김천-감문
제일종묘사	054-434-4063	경북-김천-모암
수원종묘상회	054-555-4255	경북-문경-점촌
춘추농원	054-672-8949	경북-봉화-봉화
새마을종묘사	054-535-3915	경북-상주-남성
경북농약종묘사	054-855-0734	경북-안동-안흥
중앙농약종묘사	054-682-2601	경북-영양-수비
의성홍화씨총판	054-333-9800	경북-영천-성내
선경종묘	054-286-6701	경북-포항-남
중앙종묘농약사	054-243-8812	경북-포항-북

대구

대신종묘사	053-257-3751	대구-중-대신-1
대영종묘사	053-424-9672	대구-중-태평로
동서농예	053-424-5000	대구-중-태평로

경상남도

벧엘플라워	055-329-6747	경남-김해-대동
홍농농약종묘사	055-343-2417	경남-김해-진영
경남농약	055-242-6007	경남-마산-남성
동부한농화학(주)	055-292-6421/3	경남-마산-석전
한양원예사	055-747-4411	경남-진주-옥봉
새마을종묘농약사	055-546-5871	경남-진해-화천
부곡농약종묘사	055-536-3030	경남-창녕-부곡

제일종묘사	055-533-2674	경남-창녕-창녕
부산종묘사	055-882-3534	경남-하동-고전

부산

녹색종묘사	051-972-3643	부산-강서-강동
대사종묘사	051-971-4088	부산-강서-강동
녹원농약종묘사	051-515-0412	부산-금정-남산
금성종묘농약사	051-508-2326	부산-금정-두구
부산종묘사	051-807-2522	부산-부산진-부
중앙종묘사	051-818-3620	부산-부산진-부
풍전종묘농약사	051-302-0819	부산-사상-모라
협신종묘사	051-246-4630	부산-중-남포동
대경농약종묘사	051-245-4351	부산-중-중앙동

울산

대구종묘사	052-211-3631	울산-중-옥교-1

충청북도

장원농원	043-732-7766	충북-옥천-옥천
대동농자재종묘사	043-645-9257	충북-제천-교9
경동생약종합농산	043-843-5507	충북-충주-연수
세미니스코리아(주)	043-233-3941	충북-청주-흥덕
대한농원	043-232-6172	충북-청주-흥덕

충청남도

초원농약종묘사	041-857-0420	충남-공주-계룡
금강원예센타(주)	041-742-7996	충남-논산-연무
남도종묘사	041-362-2743	충남-당진-합덕
서울종묘농약사	041-665-3363	충남-서산-동문
남도종묘사	041-551-2833	충남-천안-사직
서울농약종묘사	041-641-8131	충남-홍성-광천

대전

한농농약종묘사	042-933-4141	대전-대덕-신탄
중앙종묘사	042-256-0970	대전-동-중
신젠타종묘충청지점	042-822-5681	대전-유성-구암

전라북도

오일씨앗집	063-445-4969	전북-군산-신영
동원농약사	063-855-6136	전북-익산-인화
광명당흥농종묘	063-643-1065	전북-임실-강진
유인산업	063-251-4172	전북-전주-덕진
서흥종묘사	063-212-9660	전북-전주-덕진
남문종묘사	063-284-1727	전북-전주-완산

전라남도

금천농약종묘사	061-331-7070	전남-나주-금천
샘종묘사	061-281-0062	전남-목포-석현
북부종묘사	061-752-2679	전남-순천-매곡
한국종합낙종상사	061-754-7192	전남-순천-월등
여림종묘사	061-663-7867	전남-여수-교
홍농중묘염암대리점	061-473-2520	전남-영암-영암

광주

서울종묘사	062-223-3459	광주-동-학-61
남도종묘사	062-262-2837	광주-북-문흥-1
전남농약종묘사	062-527-7090	광주-북-임-78
광주중앙종묘사	062-362-7253	광주-서-광천-3

강원도

영동종묘사	033-641-7089	강원-강릉-성남
중앙종묘사	033-648-2149	강원-강릉-성남
서울종묘농약사	033-521-2659	강원-동해-구미
만세상회	033-572-3528	강원-삼척-근덕
농우종묘사	033-635-8013	강원-속초-중앙
제주종묘사	033-742-2983	강원-원주-중앙
신흥종묘사	033-251-0455	강원-춘천-소양
제일종묘농약사	033-251-1254	강원-춘천-중앙

제주도

금지계종묘사	064-758-7524	제주-제주-이도
서울농약종묘사	064-753-1263	제주-제주-일도

지은이_ 허봉수

섭생연구출발 (1980년)
고려대학교 대학원 (식품화학 및 응용영양학 전공)
경희대학교 대학원 (식품영양학 전공 이학박사)
십자병원 영양연구실 실장
한국영양학회 대의원
서강대학교 섭생건강학 강사
(現)환경농업 강화도 농민회 자문위원
(現)한국섭생연구원 원장
(現)한양대학교 사이버 대학 강사
(現)선문대학교 음양체질과 건강학 강사

(저서) 밥으로 병을 고친다 (1996' 동아일보사 刊)
     내 몸에 맞는 음식궁합 (2000' KBS 刊)
     약이 되는 체질밥상 (2001' 한문화 刊)
     체질 섭생학 (2002' 신기출판 刊)
     밥상이 의사다 (2004' 책장 刊)

(강연회) MBC 9시 뉴스데스크, 여성교양 건강 강좌 등
     KBS1, 2 - 9, 8시뉴스 '건강하게 삽시다'등 다수
     SBS - TV특강 등 다수
     YTN - 백지영의 뉴스Q

● 한국섭생연구원 (http://www.subseng.com)Tel.02.3443.9707 ●

체질 따라 먹는 웰빙 새싹채소

2004년 12월 15일 초판 발행

지은이 · 허봉수

펴낸이 · 윤여득

펴낸곳 · 도서출판 다문

서울특별시 성북구 보문동 4가 91-4호

등록일1989년 5월 10일 · 등록번호 제6-85호

전화 924-1140, 1145 · 팩스 924-1147

URL http://choun.co.kr

E-mail choun@choun.co.kr

ISBN 89-7146-020-2